Luise Adelgunde Gottsched

Briefe der Frau Louise Adelgunde Victorie Gottsched

Gebohrene Kulmus. Erster Teil

Luise Adelgunde Gottsched

Briefe der Frau Louise Adelgunde Victorie Gottsched
Gebohrene Kulmus. Erster Teil

ISBN/EAN: 9783744720311

Hergestellt in Europa, USA, Kanada, Australien, Japan

Cover: Foto ©ninafisch / pixelio.de

Weitere Bücher finden Sie auf **www.hansebooks.com**

Briefe
der Frau
Louise Adelgunde Victorie Gottsched
gebohrne **Kulmus.**

Erster Theil.

Mit Churfürstl. Sächß. gnädigster Freyheit.

Dresden, 1771.
Gedruckt mit Harpeterischen Schriften.

Vorbericht.

Geneigte Leser!

Ihnen übergebe ich diese gesammleten Originalbriefe einer verewigten Freundin, deren Name auch in dieser Schreibart der Vergessenheit entrissen zu werden verdient. Es enthält diese Sammlung keine zusammenhängende Lebensgeschichte der Verfasserin, und ist denen gewöhnlichen Briefsammlungen, welche mehrentheils im Ganzen einen Roman ausmachen, keinesweges ähnlich. Ich hoffe, daß sie sich

Vorbericht.

von allen denen unterscheidet, die bisher im Druck erschienen; und daß unpartheyische Leser den Vorzug einsehen werden, den diese für jenen billig verdienet. Alle diejenigen, so besondere Nachrichten von dieser vortreflichen Frau zu wissen verlangen, verweise ich auf das, von dem verstorbenen Herrn Professor Gottsched, weitläuftig entworfene Leben seiner würdigsten Gattin, welches in Breitkopfs Verlag, 1763. zu Leipzig herausgekommen. Ich will nur kürzlich erwähnen, daß Danzig die Geburtsstadt unserer Gottsched gewesen, und daß sie eine gebohrne Kulmus war. Ihre Erziehung war vollkommen, weil sie das Glück hatte von Eltern gebohren zu seyn, die selbst Einsicht hatten, und die Bildung des Herzens und Verstan-

des

Vorbericht.

des ihrer Tochter, sich eifrig angelegen seyn ließen. Den Grund zu ihren Wissenschaften hatte sie also schon in ihrer Jugend gelegt. Als sie 1729. ihren Freund und nachherigen Ehegatten kennen lernte, übte sie sich immer mehr darinnen, und von diesem Zeitpunct gehen ihre Briefe an.

Sie schrieb reines Deutsch, ehe sie von dem Meister der deutschen Sprache unterrichtet wurde. Religion, Tugend, Wissenschaft, Belesenheit, alles was man von einem Frauenzimmer verlangen kann, findet man in ihren Briefen. Es herrschet mehr ein philosophischer Ernst darinnen, als der Scherz, und das tändelhafte, welches den Franzosen eigen ist, und nur selten den Deutschen in der Nachahmung gelingen wird. Nie würde unsere Kulmus

Vorbericht.

eine muthwillige Babet geworden seyn, aber in allen Stücken kann dieselbe einer Dacier, einer Scüderi, einer Deshoulieres und einer Beaumont an die Seite gesetzet werden.

Ihre ersten Briefe sind in ihrem 19ten Jahre an ihren Freund geschrieben, und mit welcher anständigen Bescheidenheit drücket sie sich über alles aus, wovon sie sich mit ihm unterhält? Bald schreibt sie zärtlich, ohne in verliebte Schwachheiten zu verfallen; bald ist sie über verschiedene Gerüchte gerührt, ohne aufgebracht zu werden; bald will sie belehrt seyn, und bald fällt sie ihr Urtheil von denen Schriften, damit ihr Freund ihre Büchersammlung bereicherte. Alle diese Briefe sind Beweise ihrer wahren Tugend und ungeheuchelten Gottesfurcht; ihres reifen Verstandes in jungen Jah-

Vorbericht.

Jahren; ihrer, von allen heftigen Leidenschaften gereinigten Zärtlichkeit; ihrer Ehrfurcht und Liebe gegen ihre Aeltern; ihrer Neigung zur Ordnung und Sparsamkeit; ihrer Abneigung von Eitelkeit und allem Ueberfluß; ihrer Aufrichtigkeit und Liebe zur Wahrheit; ihres Sieges über alle Vorurtheile; ihrer Beschäftigung mit nützlichen Dingen; ihrer Kenntnis in allen Wissenschaften, und ihrer Begierde es einmal so weit zu bringen, als es einem Frauenzimmer möglich und erlaubt wäre. Diesen Zweck hat unsere Gottsched erreichet. Ich berufe mich auf das vielgültige Zeugnis vieler noch lebenden Personen und großer Gelehrten. Als sie sich verheyrathete, war sie sowohl der französischen als englischen Sprache mächtig. Nachher übte sie sich nicht allein noch mehr in die-

Vorbericht.

sen beyden, sondern wendete auch viel Fleiß und Mühe auf die Erlernung der lateinischen Sprache, deren Unentbehrlichkeit sie bey der Begierde zu den Wissenschaften wohl einsah. Der noch lebende Herr Professor Schwabe in Leipzig hatte das Glück, der Meister dieser lehrbegierigen Schülerin zu seyn, und welche Ehre hat sie ihm gemacht! In einem prosaischen Schreiben vom Jahr 1737. rühmt derselbe mit Ueberzeugung „der Frau Gottsched „ihren scharfsinnigen Geist, ihren geübten „Verstand, ihre geläuterte Vernunft, ihr mit „so manchen fremden Sprachen angefülltes Ge= „dächtnis, (sie war auch in der griechischen nicht ganz unwissend:) „ihre gründliche Erfah= „rung in den freyen Künsten, die Fertigkeit, „ihre Gedanken lebhaft, richtig und zierlich „auszu=

Vorbericht.

„auszudrücken, ihr von aller Eitelkeit entfern„tes Herz, ihre Stärke in der Musik, (darinnen sie es bis zur Composition gebracht, und das Clavier und die Laute mit vieler Fertigkeit spielte:) Er sagt weiter: „daß sie sich gewaget, „den Herodot, Homer, Longin, Plu„tarch und Lucian zu lesen, Bücher, die „auch vielen Studirenden verschlossen, und „manchen sogenannten Gelehrten kaum den „Titel nach bekannt wären. Daß ihre Feder „die Ausarbeitung einiger Reden mit glückli„chem Erfolg unternommen, daß sie die Sätze „der Weltweisen untersuchet, und sich diejeni„gen zugeeignet, deren Wahrheit sie am besten „gegründet zu seyn befunden. Daß sie beson„dere Neigung gehabt, den tiefen und wahren „Grund der Philosophie, nämlich die Lehren

„der

Vorbericht.

„der Mathematik einzusehen." Kurz zu sagen, unsere Gottsched suchte ihren Ruhm und die wahre Ehre darinnen, immer vollkommner und immer klüger zu werden.

Dieses ist die Abschilderung meiner Freundin, und wer findet nicht, daß es ihr Bild ist, wenn man das wesentlichste, ich meyne die Eigenschaften ihres Geistes, an ihr betrachtet.

Wie viel Beweise ihrer Geschicklichkeit hat sie der Welt, durch viele Uebersetzungen aus dem Französischen und Englischen, nicht vor Augen gelegt? Wie unermüdet hat sie gearbeitet? Oft hat ihr schwächlicher Körper unter der Last gelehrter Beschäftigungen, die doch die Nahrung ihres Geistes waren, geseufzet. Sie war bey allen gelehrten Arbeiten immer die eifrigste Gehülfin ihres Mannes. Ein Ruhm,

den

Vorbericht.

den ihr derselbe selbst beygelegt, und den ihr niemand streitig machen wird. Ich behalte mir vor, künftig ein genaues Verzeichnis aller ihrer Werke anzuführen.

Herr Pastor Brucker in Augspurg drückt sich in einem Brief an meine Freundin vom 1. Nov. 1745. also aus:

„Ich habe billig Ursache, unserm Vaterlande Glück zu wünschen, daß es durch Dero geübte Feder, den **Aufseher**, eine Sittenschrift erhalten hat, aus der es sich durch den Inhalt in den Sitten bessern, und durch die Uebersetzung in den Schönheiten seiner Sprache bereichern kann. Wie mancherley Ursachen findet Deutschland nicht, sich einer Tochter zu rühmen, Deren ausbündige Gelehrsamkeit ihm so viel Ehre bringt,

Vorbericht.

bringt, und deren Verdienste durch das Anbellen der Neider immer kennbarer werden."
Alles dieses war aber nicht der einzige Werth unserer Gottsched. Auch durch ihre Tugend und untadelhaften Sitten konnte sie ihrem Geschlechte zum Beyspiel dienen. In allen ihren Reden und Handlungen beobachtete sie den strengsten Wohlstand. Oft, wenn sich in den Schriften, die sie übersetzte, etwas fand, was ihr anstößig zu seyn schien, so mußte sie solches geschickt zu ändern, um kein Aergernis zu geben. Eine solche vollkommne Frau konnte nicht anders als gut und unterrichtend schreiben, und im Jahr 1734. war ihren Briefen schon das Schicksal, gedruckt zu werden, bestimmt. Sie lehnte es damals ab, und wollte es bis nach ihrem Tode ausgesetzt wissen. Im Jahr 1752.

Vorbericht.

1752. erlangte ich die mir ewig werthe Bekanntschaft mit meiner Freundin. Bis dahin hatte ich sie als eine gelehrte Frau, als Schriftstellerin, und als Dichterin bewundert; nunmehr lernte ich ihr zärtliches Herz kennen, das ganz zur Freundschaft gebildet war. Ihre freundschaftlichen Briefe, davon ich künftig welche liefern werde, sind Zeugen Ihrer Gesinnungen, und brachten mich so, wie meine Freundin selbst, auf die Gedanken, der Welt solche mitzutheilen. Wenn jemals meine Briefe gedruckt werden, (waren ihre eigenen Worte:) so sollen Sie die Besorgung davon übernehmen. Ich habe diesen Auftrag erfüllt. Möchte ich doch bey der besten Absicht auch meinen Zweck erreichen, und meiner Freundin den Beyfall der Leser zuwege

Vorbericht.

wege bringen! Man fordert von den Deutschen sie sollen gute deutsche Briefe schreiben, und aus Mangel guter Originalbriefe in unserer Sprache, empfiehlet man dem Frauenzimmer Uebersetzungen zu lesen, um ihren Styl darnach zu bilden. Die meisten, und die besten darvon, sind Liebesgeschichten, woraus jungen Personen unbeschreiblich viel Nachtheil zuwächst. Ihr Herz wird verderbt, und ihr Styl wird immer unnatürlich seyn, wenn sie ihren Vorbildern nachzuahmen suchen. Diesem Uebel habe ich abzuhelfen gewünscht, und eine Sammlung liefern wollen, die nirgends einen schädlichen Eindruck machen wird. Unsere Gottsched lehrt, ohne Regeln darüber zu geben, bey mannigfaltigen Gegenständen, den, einem jeden angemessenen Styl. Jeden Brief, und jeder

Vorbericht.

jeder Sache, darüber sie schreibt, giebt sie eine eigne Wendung, und das natürliche, das ungezwungene, leuchtet durchgängig hervor. Diese Briefe haben noch den vorzüglichen Werth, daß es wirklich Originale, und theils an noch lebende, theils an verstorbene Personen geschrieben sind.

Ich statte hierdurch denen würdigen Personen, die meine Sammlung, durch die Einsendung einiger Briefe von meiner Freundin, bereichert haben, öffentlich den verbindlichsten Dank ab. Sie werden alle in den folgenden Theilen, auf künftige Michaelismesse erscheinen, und beyde dadurch interessanter, als dieser erste seyn. Man wird die Verfasserin immer mehr bewundern, und immer höher schätzen. Ich freue mich der

Freund-

Vorbericht.

Freundschaft, mit welcher wir im Leben verbunden gewesen, dieses Denkmal errichtet zu haben; und werde die reichlichste Belohnung darinne finden, wenn ich, durch meinen freundschaftlichen Eifer, etwas zur Verewigung der Verfasserin beytragen kann.

Dresden,
den 19. April 1771.

Dorothee Henriette von Runckel.

Erster Brief.

An Ihren Freund und nachherigen Ehegatten.

Danzig den 12. Jul. 1730.

Hochzuehrender Herr,

Sie sind also glücklich nach Leipzig gekommen! Sehn Sie was unsere Wünsche für gute Wirkung gehabt haben. Von diesen sind Sie aber auch zu Wasser und zu Lande begleitet worden. Und gewiß wäre es auch das erstemal, daß die Wün=

Wünsche treuer Freunde und die Bitten einer Freundin unerhört vom Himmel zurücke gekommen wären. Eine, und gewiß nicht die kleinste meiner Hoffnungen wäre also erfüllt. Aber = = = doch mein unzeitiges Murren möchte nur mein Verlangen später befriedigen. Wer weis, ob nicht das Zeichen ihres Schiffs *) von glücklicher Vorbedeutung gewesen ist? Lassen Sie uns der Vorsicht trauen, die unsre Bekanntschaft selbst gefüget hat; ist es ihr Wille, so wird die reinste und zärtlichste Freundschaft durch sie beglücket werden. Ihr Segen ruhet auf den Tugendhaften. Lassen Sie uns tugendhaft seyn: so haben wir einen Anspruch auf ihre Hülfe. Erzeiget sie uns dieselbe später als wir wünschen: so ist es Prüfung, die wir verehren wollen. Leben Sie wohl, schreiben Sie mir oft, und beruhigen dadurch Ihre treuste Freundin

Kulmus.

*) Das Schiff, auf welchem der Hr. Professor Gottsched von Danzig abreisete, führte das Bild der Hoffnung.

Zwey=

Zweyter Brief.

An eben Denselben.

Danzig den 20. Sept. 1730.

Hochzuehrender Herr,

Ich kann Ihnen nicht beschreiben, mit welcher Ungedult wir eine Nachricht von Ihnen erwartet haben. Ihr Stillschweigen, daran wir nicht gewohnt sind, machte uns vielerley Kummer, und jeder der in unserm Hause Antheil an Ihrem Wohl nimmt, bemühte sich die Ursache davon zu errathen. Endlich, da wir eben in einer langen Unterredung von Ihnen noch beysammen waren, erhielten wir Ihre Briefe. Urtheilen Sie von unsrer Freude. Jedes war begierig den seinigen zuerst zu lesen, und eben so begierig die andern zu hören; Stellen Sie sich die angenehme Verwirrung dabey vor. Alles was Sie mir gefälliges in Ihrem Schreiben

ben sagen, ist eine Vorschrift wie ein tugend=
haftes Frauenzimmer seyn soll, und auch zu=
gleich ein Beweis wie viel mir, und den meisten
meines Geschlechts an dieser Vollkommenheit
fehlt. Die Beschreibung, die Sie von dem säch=
sischen Frauenzimmer machen, ist sehr vortheil=
haft. Glücklich ist das Land, das viel solche
Töchter aufweisen kann, aber auch diese finden
sich belohnt, wenn sie von einem Verehrer der
Tugend bemerkt werden, der sie auch Auslän=
dern so schön zu empfehlen weis. Ich hoffe
auf dem Wege der Tugend nicht zurücke zu
bleiben, sondern darauf immer weiter zu kom=
men. Hierbey ist das Herz allein geschäftig,
und es darf sich nur um eine Kenntniß seiner
Pflichten bemühen, und deren Ausübung sich
lassen angelegen seyn, so wird es seinen Zweck
nie verfehlen. Andere Vorzüge zu erlangen ist
weit schwerer. Darzu werden Talente und Fä=
higkeiten des Geistes erfordert. Sehr schüch=
tern und furchtsam habe ich zuweilen einen Blick

in

in das Reich der Wissenschaften gewaget, aber ich bin noch nicht weit darinnen gekommen. Sie haben schon oft den Wunsch bey mir erreget, daß Sie mein Mentor und näher bey uns seyn möchten; alsdann hofte ich den Grad der Vollkommenheit zu erlangen, den Sie mir schon jetzt so freygebig beylegen. Ich bin mit aller Hochachtung 2c.

Kulmus.

Dritter Brief.
An eben Denselben.

Danzig den 27. Octobr. 1730.

Hochzuehrender Herr,

Wie viel Dank bin ich meinen Eltern schuldig, daß sie mir einen so lehrreichen Briefwechsel erlauben. Die Bücher, die Sie mir zu lesen empfehlen, sind vortreflich. Ein Fenelon, ein

Dritter Brief.

Fontenelle haben sich viel Mühe gegeben, unser Geschlecht zu unterrichten und zu bessern. Vorzüglich aber gefällt mir die Marquise von Lambert. Welche unvergleichliche Mutter! Sie lehrt ihre Tochter nicht auf den äußerlichen Reitz ihrer Jugend, ihres Geschlechts sich zu verlassen, sondern ihr Herz zu bilden, ihren Verstand aufzuklären, und sich wirkliche Vorzüge zu verschaffen. Ich werde Ihrem Rathe folgen, und mich an die Uebersetzung wagen*).

Aber warum wollen Sie mir nicht erlauben, daß ich französisch schreibe? Zu welchem Ende erlernen wir diese Sprache, wenn wir uns nicht üben und unsere Fertigkeit darinnen zeigen sollen?**) Sie sagen, es sey unverantwortlich, in einer fremden Sprache besser als in

seiner

---

*) Dieses Werk ist unter dem Titel: der Frau von Lambert Betrachtungen über das Frauenzimmer, 1734 in Leipzig gedruckt worden, und war die erste Arbeit unserer Kulmus.

**) Unsere Kulmus hatte oft französisch geschrieben.

Dritter Brief.

seiner eigenen zu schreiben, und meine Lehrmeister haben mich versichert, es sey nichts gemeiner als deutsche Briefe, alle wohlgesittete Leute schrieben französisch. Ich weiß nicht, was mich verleitet, Ihnen mehr als jenen zu glauben, aber so viel weis ich, ich habe mir nun vorgesetzt, immer deutsch zu schreiben. Sie werden mich tadeln, und dieser Tadel wird mich bessern. Dieses ist doch Ihre Absicht? Die englische Sprache hat vielen Vorzug in meinen Augen. Wenn ich mehr davon wüßte, schrieb ich Ihnen lauter englische Briefe. Ich hoffe es noch so weit zu bringen, und Sie sollen die Erstlinge meines Fleißes erhalten.

Jetzt lese ich Les hommes illustres de Plutarque. Ich bin begierig zu wissen, welches Ihr Held ist, und ob wir in unserer Wahl gleichförmig sind? = = Ich versichere Ihnen meine beständige Hochachtung.

Kulmus.

Vierter Brief.

An eben Denselben.

Danzig den 7. Januarii 1731.

Hochzuehrender Herr,

Wenn ich geneigt wäre mich zu rächen, so würden Sie hier einen englischen Brief lesen. Ich wüßte Sie nicht besser zu strafen, als in der Sprache zu antworten, darinnen ich noch eine Schülerin bin. Sie haben mir neulich einen Verweis gegeben, daß ich lieber französisch schriebe; Sie stellten mir die Mannigfaltigkeit des Ausdrucks und die männliche Schönheit meiner Muttersprache so lebhaft vor, daß ich sogleich den Entschluß faßte, mich mehr darinne zu üben, und ich fieng schon an, gerne deutsch zu denken und zu schreiben. Kaum lege ich der englischen Sprache ein schwaches Lob bey,

Vierter Brief.

ben, so glauben Sie, ich bin auf englischer Seite, und verweisen mir mein Unrecht. Auch dieses lasse ich mir gefallen; Sie sind aber damit noch nicht zufrieden und zeigen mir einen Verdacht, der mir nahe geht. Ihr beygelegtes Geschenk läßt mich vermuthen, daß sie mich für eigennützig halten; ein Laster, das ich verabscheue. Nein, bester Freund! Nie werden Sie mich durch Geschenke gewinnen. Wenn die Vorzüge des Verstandes und Herzens nichts bey mir ausrichten; so werden alle Schätze der Welt mir gleichgültig seyn, so magnetisch auch diese Kraft bey vielen seyn mag. Führen Sie mein Herz nicht in die Versuchung, daß es auf solche Sachen falle, davon ich es ganz zu entwöhnen gesucht habe. Schriften, die den Verstand bilden und das Herz bessern, werden mir allemal ein sehr angenehmes Geschenk seyn. So eines, aber kein anders erwarte ich künftig von Ihrer Güte. **Plutarch** beschäftiget mich immer noch; **Aristides** ist unvergleichlich in seinen Handlungen, und ein Muster der Versöhnlichkeit gegen seine Feinde.

Ich wünsche Ihnen im neuen Jahre alles Glück, was die Vorsehung rechtschaffenen Seelen nicht versagen kann. Auch Sie werden gewiß Ihr Theil erhalten. Ich bin unverändert Ihnen ganz ergeben

Kulmus.

Fünfter Brief.
An eben Denselben.

Danzig im Octobr. 1731.

Hochzuehrender Herr,

Ich danke Ihnen für das aufrichtige Mitleid, so Sie mir über den Verlust meines besten Vaters bezeigen, auf das verbindlichste. Wie gerne möchte ich Ihnen aber auch zugleich sagen, daß mich Ihre Vorstellungen beruhiget hätten! Aber

Fünfter Brief.

Aber alles, was Sie mir darüber sagen, ist nicht hinreichend meinen Schmerz ganz zu stillen. Mein Verlust ist zu groß, und meine Klagen zu gerecht, als daß solche sogleich aufhören könnten. Es ist wahr, Gott hat mir noch eine Mutter gelassen, deren Beystand mir sehr zum Troste gereicht, und die bey ihrem Verstande und vortreflichen Herzen auch Vaterstelle an mir vertreten wird. Allein einen rechtschaffenen, einen liebreichen Vater zu verliehren, ist ein Schmerz, der länger dauert, als die seelige Stunde seiner Auflösung dauerte. In dieser empfand ich alles das nicht, was ich nach seinem Tode erst empfunden habe, und noch täglich empfinde. Sein Andenken, jede gute Lehre, so er mir gegeben, seine Warnungen, und was weit mehr ist, sein unterrichtendes Beyspiel, alles ist vor meinen Augen und vor meinen Ohren. Möchte ich ihn doch bald in die seeligen Wohnungen folgen, wo er mich vielleicht schon mit väter-

väterlicher Freude erwartet! Dieses ist jetzt mein einziger Wunsch. Ich bin mit vollkommener Hochachtung u. s. w.

Kulmus.

Sechster Brief.
An eben Denselben.

Danzig den 15 Decbr. 1731.

Hochzuehrender Herr,

Die vortheilhafte Meynung, so Sie von mir gefaßt, hat ungemein viel schmeichelhaftes für mich, und Ihre Wahl macht mir Ehre. Wie glücklich wäre ich, wenn mich meine Verdienste darzu berechtigten. Ihr Beyfall macht meinen einzigen Werth aus, und ich würde stolz darauf, wenn ich nicht von meiner eigenen Ueberzeugung gedemüthiget würde. Eins bitte ich Sie H. H. laßen Sie meine Trauer ungestört zu Ende gehen, ehe ich an vergnügte Tage gedenke. Ich rechne mir es zur Pflicht, gegen mei=

Sechster Brief.

meinen Vater auch im Tode die Ehrfurcht nicht zu mindern, die ich ihm im Leben schuldig war; und ich kann die Trauer meines Herzens eben so wenig verkürzen, als es der Wohlstand erlaubt, die Farbe der Kleider zu verändern. Erlauben Sie mir immer, eine Freude, zu welcher der Verstorbene mir großen theils selbst geholfen, so lange auszusetzen, bis die Zeit meinen Schmerz besieget und mir gestattet, dieselbe mit der Traurigkeit über meinen Verlust zu verwechseln *). Es ist dieser Aufschub das geringste Opfer, das ich dem Andenken meines Vaters schuldig bin.

Ihr Bild wird mir sehr angenehm seyn: ich werde mich oft mit demselben unterhalten, und ihm alles klagen, was ich dem Originale nicht sagen kann. Jetzt bin ich zum Denken, Reden, und Schreiben ungeschickt, aber auch in diesem fast leblosen Zustande, dennoch Ihre

ergebenste Kulmus.

*) Der Herr Professor wollte schon damals seine Verbindung schlüssen.

Siebenter Brief.

An eben Denselben.

Danzig den 9. Januar, 1732.

Hochzuehrender Herr,

Kein angenehmeres Geschenk, als Ihr Bild, konnte ich von Ihnen bekommen. Ich danke Ihnen recht sehr dafür. Das Gemählde ist vortreflich. Es ist dem mir ewig werthen Originale durch den Mahler weder ein Abbruch, noch durch seine Kunst ein unnöthiger Zusatz geschehen. Aber was haben Sie diesem leblosen Bilde sonst für eine besondere Eigenschaft mitgetheilet? Ein jeder, der mich siehet, will in meinen Augen eine gewisse Zufriedenheit lesen, und alle sagen, daß ich seit wenig Tagen viel vergnügter und munterer geschienen, als ich seit meines Vaters Tode gewesen wäre. Sehen Sie, was Ihr Schatten vor Wunder thun

Siebenter Brief.

thun kann. St. Evremond mag Ihnen meine
Gedanken darüber sagen.

Votre image fera mon phisir le plus doux,
A toute heure, en tous lieux j'aurai sa
Compagnie
Et mon fidèle Esprit, qui demeure avec Vous,
Entretiendra souvent Votre aimable Genie.

Sie verlangen, daß ich Ihnen auch eine Copey von meinem Gesichte schicken soll, und vermuthen, daß ich mich in zwey Jahren sehr verändert haben würde. Davon sagt mir mein Spiegel nichts. Meine Länge hat einen Zusatz von einer Viertel Elle bekommen; weil ich aber keinen Mahler finden kann, der Ihnen diese Veränderung (wäre es auch der größte Meister) auf dem Bilde zeigen kann, so kann ich mich nicht entschließen, Ihnen mein unvollkommnes Bild zu schicken.

Ich danke Ihnen für alle gute Wünsche zum neuen Jahre. Vieles davon ist mir ganz entbehrlich. Ich wünsche mir kein Glück, als die Fortsetzung Ihrer beständigen Neigung

gegen

gegen mich. Alles andere werde ich als Abwechselungen eines wandelbaren Schicksals mit gleichgültigen Augen ansehen. Ich bin fest überzeuget, daß alle scheinbare Glücksumstände gewisse Seelen nicht würklich glücklich machen. Nur die Zufriedenheit des Gemüths ist in meinen Augen das einzige wahre Glück, das wir auf dieser Welt erwarten können. Und da diese aus einen reinen Herzen und tugendhaften Wandel entspringt; so ist sie, als das wesentlichste Gut, aller unserer Bemühung und aller unserer Wünsche werth.

Es ist mit meinem Claviere ein vierwöchentlicher Stillstand gemacht: so bald ich es anrühren werde, soll das überschickte Stück zu Ihrem Andenken ertönen. Ich bin mit wahrer Hochachtung Ihnen ganz ergeben,

Kulmus.

Achter

Achter Brief.

An eben Denselben.

Danzig den 3. May 1732.

Hochzuehrender Herr,

Niemals bin ich von der Richtigkeit des Satzes, daß Schweigen eine Kunst sey, so sehr überführet worden als jetzt.*) Aber niemals hat mir auch eine Uebereilung mehr Reue gekostet als eben jetzt. Warum ließ ich mich doch durch meine Leichtgläubigkeit so hinreissen? und da es geschehen war, warum übte ich nicht die wichtige Kunst aus? Wie viel hätte ich durch Schweigen gewonnen? Ich muß gestehen, Sirach, der gute Sirach hat mich diesmahl verführet: „Es ist besser frey strafen, als heimlich „Haß tragen." Ich hätte diesem vortreflichen

*) Ein gewisses ungegründetes Gerüchte hatte unsre Kulmus zu Klagen bewogen, die sie hernach bereuete.

Sittenlehrer, aber erſt, darinnen folgen ſollen: „Sprich deinen Freund drum an, vielleicht hat „er es nicht gethan ꝛc." Vergeben Sie meine Uebereilung, ſie hat einen gar zu guten Grund. Mein empfindliches Herz konnte nicht gleichgültig bleiben, und ich ſchrieb Ihnen ſehr aufrichtig, was mich rührte, und faſt zu Boden ſchlug. Mein Geburtstag, deſſen Sie ſich ſo gütig erinnern, iſt mir wegen der traurigen Beſchaffenheit meines Gemüths in dieſer ſtillen Woche, und durch den feyerlichen Tag, an welchem er fiel,*) auf mehr als eine Art merkwürdig geworden. Ich habe an demſelben aufs neue den Entſchluß gefaßt, der Tugend noch ferner ein Leben zu widmen, welches durch dieſe allein die heilgen Abſichten ſeines Schöpfers und ſeines Erlöſers erfüllen kann. Ich werde übrigens in Gelaſſenheit von der Vorſehung erwarten, worzu ſie daſſelbe beſtimmt hat. Sind ſie mit dieſem Vorſatz zufrieden?

Kulmus.

*) Es war der Charfreytag.

Neun=

Neunter Brief.

An eben Denselben.

Danzig den 19. May 1732.

Hochzuehrender Herr,

Nachdem wir uns einander überführt, daß wir beyde Unrecht haben, so wird die Versöhnung nicht weit entfernet seyn. Die meinige versichere ich Ihnen hierdurch. Ich soll, sagen Sie, in Zukunft nicht jedem rauschenden Blatt Gehör geben. Kein rauschendes Blatt hat mich zitternd gemacht, es war ein recht gewaltiger Sturm, der meine ganze Seele erschütterte. Man sagt von dieser Bewegung in der Natur, daß sie gewohnt sey, dasjenige am ersten niederzureissen, was sich ihr am heftigsten widersetzet. Ich war nicht hartnäckigt und beugte mich gedultig unter ihre Gewalt. Der Sturm legte sich, und ich stehe noch feste. Nichts soll jemals

meine

meine Gesinnungen ändern, in allen Fällen sollen Sie mich stets finden als Ihre beständige Freundin

      Kulmus.

Zehnter Brief.
An eben Denselben.

      Danzig den 30. May 1732.

Dir mein versöhnter Freund, Dir tönen
   meine Saiten;
Dir will ein zärtlich Herz sein erstes
   Opfer weyhn.
Ich fühle wiederum die Freude voriger
   Zeiten,
Und kein geheimer Gram nimmt meine
   Seele ein.
O sång ich so wie Du! Mein Meister,
   Freund und Lehrer!
Komm! zeige mir den Weg nach Pindus
   Höhen hin.

Zehnter Brief.

So weit war meine Muse gekommen, und sie wollte Ihnen noch mehr sagen, als ich Ihren Brief erhielt, und mit diesem den **Brutus** vom **Voltaire** und **Junkers** Briefsteller. Ich legte meine Feder nieder, und las begierig, was Sie mir schickten. **Voltaire** ist groß, sehr groß in meinen Augen, ob ich ihm gleich nicht immer Recht gebe. Im Discours sur la Tragoedie beschwert sich der Verfasser über die Strenge der französischen Poesie und über das schwere Joch des Reims. Wenn diese Klagen einem französischen Dichter erlaubt sind, was sollen die deutschen thun?

Brutus ist und bleibt ein wohlgerathnes Stück des Verfassers. Nur die Prinzeßin **Tullia** gefällt mir nicht. Sie bedient sich ihrer Gewalt über ein unschuldiges Gemüth zu einen sehr lasterhaften Verfahren. Dieses ist keine römische Handlung. Ich möchte an einer Römerin nicht gerne etwas zu tadeln finden.

Junkers Briefsteller mag gründlich genug in seiner Anweisung seyn, wenn die Exempel besser

beſſer wären. Es macht mehr Eindruck, wenn nicht allein die Muſter nach allen Regeln richtig ſind, ſondern ſich auch durch den Witz, der darinnen herrſcht, und durch eine gute Wahl der Ausdrücke empfehlen. Neukirchs Briefe ſind nicht das Muſter, nach welchem ich mich bilden möchte. Er hat dem Voiture ſehr nachgeahmt. Allein von Todten und Abweſenden = = =

Die überſchickten Stücke zum Clavier von Bach, und von Weyrauch zur Laute, ſind eben ſo ſchwer als ſie ſchön ſind. Wenn ich ſie zehnmal geſpielet habe, ſcheine ich mir immer noch eine Anfängerin darinnen. Von dieſen beyden großen Meiſtern gefällt mir alles beſſer als ihre Capricen; dieſe ſind unergründlich ſchwer. Wie gefällt Jhnen Donna Laura Baſſi, welche neulich den Doctorhut in Bologna erhalten? Jch vermuthe, daß wenn dieſer junge Doctor Collegia leſen wird, ſolcher in den erſten Stunden mehr Zuſchauer, als in der Folge Zuhörer bekommen möchte.

Sie

Eilfter Brief.

Sie verlangen meine Meynung über die Schrift: La Femme Docteur ou la Théologie Janseniste tombée en Quenouille? Ich finde viel Aehnlichkeit unter den französischen Jansenisten und den deutschen heuchlerischen Frömmlingen. Weder die einen noch die andern haben meinen Beyfall. Ich werde mich hüten auf Nebenwege zu gerathen und darauf irre zu gehen. Auf den Weg der Aufrichtigkeit und Freundschaft werden Sie immer finden, Ihre

Kulmus.

Eilfter Brief.
An eben Denselben.

Danzig den 28. Junius 1732.

Hochzuehrender Herr,

Die Vergleichung in Ihrem letzten Brief ist zu schmeichelhaft um in allen ihre Richtigkeit zu haben. Ich habe den **Bayle** gefraget, was er von der *Laura* und von der **Sappho** gutes

gutes sagt? Auf die erste antwortet er mir gar nichts, weder von ihr noch von ihren Petrarch. Bey der Sappho hält er sich länger auf. Er erzählt so viel Vollkommenheiten von dieser Dichterin, daß ich mir niemals werde einfallen lassen ihr nachzuahmen: so sehr ich wünschte, Sie mein bester Freund, Sapphisch zu besingen und Ihren Werth zu verewigen.

Die Gleichheit unserer Meynung über die gelehrte Donna Bassi hat mich sehr erfreuet. Möchten doch unsere Gesinnungen künftig allemal so gleichförmig seyn.

In der Wahl der Plutarchschen Helden sind wir doch unterschieden. Ich lasse dem Alexander alle Gerechtigkeit wiederfahren, er war ein großer Feldherr und bewieß ein gutes Herz an der Gemahlin und den Kindern des Darius. Ich lasse Ihnen Ihren Julius Cäsar, er hatte erhabene Tugenden, und begieng wichtige Fehler. Ihren Cicero, er war ein großer Redner wie Sie, Ihren Demosthenes, und alle die Sie belieben. Ich wähle den Aristides, Seneca,

Epa=

Epaminondas, Cäsar Augustus, Marcus Cato, Phocion und Plutarch. Dieses sind meine Helden. Alle Handlungen dieser großen Männer haben aus der besten Quelle ihren Ursprung, und werden von der Tugend und Gerechtigkeit immer geleitet.

Wenn Ihre gute Sophonisbe Ihnen so viel Zeit läßt sich Ihrer entfernten Freundin zu erinnern, so empfiehlet sich diese Ihrem Andenken durch meine Feder. Sie wissen, daß dieses ganz unentbehrlich ist Ihrer

Kulmus.

Zwölfter Brief.
An eben Denselben.

Danzig den 19. Jul. 1732.

Hochzuehrender Herr,

Ich bin Ihnen für Ihr letztes Schreiben mehr Dank schuldig, als Sie vielleicht vermuthen. Sie haben mich dadurch von einer Bahn zurücke

rücke gerufen, darauf mich mein Vorwitz zu weit würde geführet haben. Sie haben mir gezeiget, wie leicht unser Geschlecht seine Schwäche vergißt, und wie oft es sich unterfängt seinen Meister zu tadeln; Wie es an denjenigen Fehler zu suchen sich bemüht, mit deren Erlaubniß wir uns zu einer Stufe erheben, dahin wir ohne ihre Hülfe uns nicht wagen dürften. Ich erschrack über meine Kühnheit und verspreche Ihnen mich niemals wieder so sehr zu vergessen. Alles was Sie mir mit so vieler Gutheit überschicken, will ich zur Vermehrung meiner Kenntnisse mir zu Nutze machen, und bey zweifelhaften Stellen will ich Sie mein Mentor um Ihr Urtheil bitten.

Die Frau von Z. kann mit Recht die Aufnahme in die deutsche Gesellschaft eben so hoch schätzen, als wenn sie von irgend einer Academie den Doctorhut erhalten hätte. Aber gewiß, Sie halten mich für sehr verwegen, wenn Sie mir zutrauen, an dergleichen Ehre zu denken. Nein, dieser Einfall soll nicht bey mir aufkommen.

Zwölfter Brief.

men. Ich erlaube meinem Geschlechte einen kleinen Umweg zu nehmen; allein, wo wir unsere Grenzen aus dem Gesichte verlieren, so gerathen wir in ein Labyrinth, und verliehren den Leitfaden unserer schwachen Vernunft, die uns doch glücklich ans Ende bringen sollte. Ich will mich hüten von dem Strom hingerissen zu werden. Aus diesem Grunde versichere ich Sie, daß ich meinen Nahmen nie unter den Mitgliedern der deutschen Gesellschaft wissen will.*)

Sie haben neulich für einen Ihrer Bekannten von allen meinen **Capricen** eine einzige begehret. Dies ist eben die beste und erträglichste von allen übrigen. Ich werde sie aber nicht überschicken. Warum nicht?

Ein Lied, das ich nur Dir, und keinem
     andern singe,
Das ist kein Ständgen, Freund, das ich
     der Straße bringe.

O!

---

*) Ein Vorsatz den unsre Kulmus genau erfüllet hat. Sie fand mehr Ehre, einen Platz in dieser Gesellschaft zu verdienen, als sich darum zu bewerben, oder ihn anzunehmen.

O! ich bin auf meine Capricen so eifersüchtig, als kein Mann auf die schönste Frau seyn kann. Ich will Sie solche einmal in aller Vollkommenheit hören lassen, so bald sie wieder nach Danzig kommen. Wie sehr wünsche ich Ihren Beyfall zu erhalten, wenn Sie mich in der Music vollkommner finden, als Sie mich verlassen haben. Wenn wird es doch geschehen, daß ich Ihnen mündlich und durch alle Töne einstimmig versichern kann, wie sehr ich Ihnen ergeben bin?

Kulmus.

Dreyzehnter Brief.
An eben Denselben.

Danzig den 23. Aug. 1732.

Hochzuehrender Herr,

Meine Begierde ist viel zu groß, als daß ich die mir überschickten Schriften nicht bereits durch=

Dreyzehnter Brief.

durchgelesen hätte. Die Trauerrede auf den Herrn **Rabner** ist sehr gut gerathen. Da diese aus der Feder eines die Wahrheit liebenden Mannes geflossen*); so halte ich alles für wahr, was er von seinem Freunde gesagt. Ich glaube der Verstorbene sey von denen gewesen, die aus einem heftigen Eifer für die Tugend, die ganze Welt so vollkommen wünschten, als sie seyn sollte, als sie nicht ist, und als sie nimmermehr werden wird.

Die Vorschläge zur Verbesserung der deutschen Sprache sind recht gut; allein der Verfasser scheint mir sehr sonderbar. Er schilt auf die, welche das deutsche mit so viel fremden Wörtern mischen, und seine Blätter sind Muster dieser vermischten Schreibart. Ich will hier nicht die **Orthographie**, die **Etymologie**, die **Syntax** angreifen; er wird sagen, das sind Kunstwörter. Ich schenke ihm diese. Aber worzu sind die andern? Z. E. construiren, Nation,

---

*) Der Verfasser war der Herr Professor **May**.

tion, Auctores, excoliren, reformiren, burlesque, Direction u. a. m. Warum schreibt der Verfasser durchgehends teutsch für deutsch, da er doch sein Werk der deutschen Gesellschaft zueignet? Wie kann er begehren, daß alle Provinzen in Deutschland ihre ganze Sprache dem Urtheil dieser Gesellschaft unterwerfen sollen, und er selbst ist so widerspenstig in einem Hauptworte? Sein Schluß heißt: aut sic, aut nunquam! Vortreflich! Mir ahnt es, daß diese Worte mit jenes Herzogs Cäsar Borgia Worten: aut Cæsar, aut nihil, einerley Schicksal haben werden. Verzeyhen Sie, daß ich mich so lange hierbey aufgehalten, er hat mich ganz aufgebracht.

Ich kann mich nicht rühmen die ungereimte Uebersetzung des verlohrnen Paradieses durchgelesen zu haben. Jede Zeile ist mir eine Kluft, darinnen ich stecken bleibe. Das deutsche Ohr verliert gar zu viel, wenn der Wohlklang des Reimes fehlt.

Mit

Dreyzehnter Brief.

Mit der Uebersetzung des Cato, davon in den Beyträgen zur critischen Historie einige Zeilen beygefüget sind, ist es ganz anders. Es wäre zu wünschen, daß Deutschland alle seine theatralischen Gedichte so abfassen möchte. Ich finde es sehr unnatürlich, daß in der Oper der Zornige, so gut wie der Gelassene, der Held und der Feigherzige, der Gebieter und der Sclave, alle ihre Handlungen nach dem Tacte einrichten müssen. Eben dasselbe findet auch bey andern Schauspielen statt. Alles was der Wohlklang dabey verlöhre, würde durch das natürliche vollkommen ersetzet.

Der Anfang zum Trauergedichte auf meines Vaters Tod ist wohl gemacht, aber ich bin noch nicht weit darinnen gekommen. Hier ist er:

Verklärter Greiß, der Tag ist kommen,
Da du der Welt und mir entnommen;
Der Tag, vor den ich längst gebebt.
Die Stunde, da dein Geist genesen,
Ist mir die schrecklichste gewesen,
Die ich in meinem Lauf erlebt.

Ich bleibe darbey, ein heftiger Schmerz läßt sich so wie alle heftige Gemüthsbewegungen wohl empfinden, aber nicht beschreiben. Eben so geht es mir, wenn ich Ihnen die Freundschaft versichern will, mit welcher ich Ihnen gang ergeben bin.

Kulmus.

Vierzehnter Brief.
An eben Denselben.

Danzig den 3. Sept. 1732.

Hochzuehrender Herr,

Ich habe in diesen Tagen eine Uebersetzung des Seneca gefunden, woraus ich mich sehr erbauet habe. Der Titel heißt: L. Annæi Senecæ schönes Büchlein von der göttlichen Providenz, Vorsehung und Regierung, durch Jacobum Stoltershofum. Lübeck Ao. 1642. Welches deutsch! Ein überzeugender Beweis, wie hoch diese Sprache in einer Zeit von neunzig Jahren gestie-

Vierzehnter Brief.

gestiegen. Bald werde ich den Werth meiner Muttersprache einsehen. So weit haben Sie mein gütiger Lehrmeister mich gebracht; ich hoffe noch weiter durch Ihren Unterricht zu kommen. In wenig Wochen werde ich Ihnen ein Gedicht von meiner Muse verfertiget übersenden. Dies ist ein Räthsel. Ihr Hausgeist wird Ihnen dasselbe auflösen helfen. Ohne einen so verborgenen Ohrenbläser wäre es nicht möglich, daß Sie so genau wissen könnten, was ich rede, thue, und so gar denke. Weil er Ihnen doch alles von mir plaudert, so fragen Sie ihn doch einmal, in welchem Grad der Hochachtung ich Sie verehre, und wie sehr ich Ihnen ergeben bin?

Kulmus.

Funfzehnter Brief.

An eben Denselben.

Danzig den 6 Octobr. 1732.

Hochzuehrender Herr,

Sie verlangen die Ueberſetzung des Seneca, die ich neulich erwähnet. Hier iſt ſie. Meine Meynung darüber möchte einem Urtheil ähnlich ſehen, und dieſes wage ich nicht, über die Schriften gelehrter Leute zu fällen. Ich unterwerfe dieſes Werk dem Ihrigen. Alles was ich Ihnen in dergleichen Fällen zu ſchreiben pflege, ſind Gedanken, die nur für Sie und mich allein gelten. Ihre Nachſicht macht mich ſo dreiſte, daß ich Ihnen oft, ſehr oft ſchreibe, was ich nur denken ſollte.

Die Criticken in den Beyträgen zur critiſchen Hiſtorie ſind ſo gründlich und ſo beſcheiden, daß auch diejenigen, die ſie treffen, ſehr zufrieden ſeyn

Funfzehnter Brief.

seyn können, auf eine so glimpfliche Art beurtheilet zu werden. Das überschickte prosaische Trauerschreiben ist sonderbar. Der tiefgebeugte Wittwer sagt von der verstorbenen Helfte seines Lebens: Du setzteſt dein Chriſtenthum nicht ins Wiſſen, ſondern Gewiſſen; nicht im Schein, ſondern Seyn; nicht ins Leſen, ſondern Weſen; nicht in Brauſen, ſondern Sauſen; nicht in Formalität, ſondern Realität ꝛc. Vortreflich! Was werden die Echo Liebhaber hier für einen Schatz finden. Wenn wird doch die deutſche Proſa von ſolchen Zierrathen und Wortſpielen gereiniget werden?

Die Trauerrede des Herrn Löw iſt recht ſchön, ohne ganz wahr zu ſeyn. Ich weis nicht, wie er ſeinen Satz behaupten möchte, daß alle und jede Tugenden den hohen und fürſtlichen Häuſern erblich ſeyn ſollen. Es würde an Beyſpielen nicht fehlen, etwas darwider einzuwenden, und die Geſchichte aus allen Jahrhunderten könnten ihm Beweiſe des Gegentheils anführen.

Funfzehnter Brief.

ren. Sagen Sie mir doch, woher es kömmt, daß ich bey Lesung jedes schönen Stücks, es sey in Versen oder in Prosa, immer wünsche, es möchte aus der Feder meines Freundes geflossen seyn? Es gieng mir noch vor kurzen mit einer Ode der deutschen Gesellschaft im IV. Buche so, und wie erfreut war ich, als ich erfuhr, daß Sie wirklich der Verfasser davon waren. Die Ursache dieser Freude ist mir selbst verborgen. Ich entdecke Ihnen die verborgensten Gedanken meines Herzens, davon der meiste Theil auf Sie gerichtet ist. Sind Sie mit dieser Aufrichtigkeit zufrieden? Von Ihrer

Kulmus.

Sechzehnter Brief.

An eben Denselben.

Danzig den 15 Octbr. 1732.

Hochzuehrender Herr,

Vor allen Dingen danke ich Ihnen für die überschickten Musicalien. Die schöne Symphonie von Hasse soll das nächstemal im Concert gespielet werden. Ich werde meine Finger fleißig üben um das trefliche Stück dieses großen Meisters nicht unkenntlich zu machen. Die Zusätze bey dem herausgegebenen Cato haben mir zu vielerley Gedanken Anlaß gegeben. Besonders hielt ich mich bey dem Artickel der Eifersucht lange auf. Ich behalte mir vor Ihnen einmal die Anmerkungen bekannt zu machen, damit ich ihre Zusätze vermehrt habe. Jetzt lege ich meiner Feder ein Stillschweigen darüber auf. So viel muß ich Ihnen aber sagen, daß
alle

alle Kenner diesen **Cato** für ein Meisterstück halten. Deutschland könnte stolz seyn, wenn es noch ein paar Dutzend dergleichen Stücke aufweisen könnte.

Warum ich Ihnen mein Bild noch nicht geschickt? Sie sollen es gleich hören. Ich schrieb Ihnen zwar neulich*), daß sich mein Gesicht in nichts verändert hätte; aber dazumal, da redete die Eitelkeit, jetzt sollen Sie ein aufrichtiger Bekenntniß lesen; ich habe mein armes Gesichte noch keinem Mahler in dem Zustande zeigen wollen, worein es durch die lange Trennung von meinem Freund gesetzet worden. Der größte Künstler möchte in seinem Colorit die Farben nicht finden, welche die Traurigkeit und der Gram in die Farben meines Gesichts gemischet haben. Haben Sie nur eine kurze Zeit Gedult. Die Hoffnung Sie bald, und Sie vergnügt zu sehen, wird mein ganzes Gemüth aufheitern, und einen starken Einfluß in meine Züge

*) Man sehe den siebenten Brief.

Sechzehnter Brief.

Züge haben. Aller Gram wird verschwinden, Freude und Zufriedenheit werden Sie aus meinen Augen lesen, und in dieser Verfassung will ich Ihnen mein Bild schicken. Es soll der stumme Redner meiner Empfindungen seyn.

Ich schlösse meinen Brief heute gar zu gerne poetisch; aber alle neun Musen sind bey meiner Anrufung taub; ich muß also nur in der gemeinen Sprache der Menschenkinder sagen, daß ich Sie sehr hoch schätze, daß ich alles was von Ihrer Feder kömmt mit doppeltem Vergnügen lese, und daß ich Ihnen ganz ergeben bin,

Kulmus.

Siebenzehnter Brief.
An eben Denselben.

Danzig den 29. Octobr. 1732.

Hochzuehrender Herr,

Ihr letztes Schreiben ist mir doppelt schätzbar. Ich finde darinnen die Sprache der zärtlichsten, redlichsten Freundschaft, und einer fast unerwarteten Großmuth bey der unvermutheten Veränderung meiner Glücksumstände. Beydes hat mich empfindlich gerühret. Ich werde Ihnen darauf mit meiner ganz eigenen Aufrichtigkeit antworten, und Ihnen mein Gemüth in seiner eigentlichen Verfassung zeigen. Sie werden aus meinem ganzen Verhalten bisher gesehen haben, daß der Eigennutz nicht den geringsten Antheil an meinen Entschließungen gehabt hat. Ich wollte aber auch um alles in der Welt nicht, daß eine Person, die ich mir selbst und der ganzen Welt ver-

Siebenzehnter Brief.

vorziehe, durch einen Umstand gedrücket werden sollte, welcher nicht meine Schuld, sondern der Fehler meines Glücks ist. Dieses würde geschehen, wenn wir beyde unsere Herzen nur fragen und unsere Vernunft nicht zu Rathe ziehen wollten. Besäße ich Millionen, oder erhielte ich solche jetzt durch einen außerordentlichen Zufall, so würde ich keinen neuen Freund suchen, noch wählen. Ich verlange mein Glück nicht darinnen zu finden, wo es von den meisten gesuchet wird. Meine Mutter unterscheidet sich durch ihre billige Denkungsart von den meisten Theil der Eltern, die aller Gewalt über ein Leben sich bedienen wollen, zu welchem sie das meiste beygetragen haben. Allen gerechten Anforderungen, so sie auf dieses Leben hat, entsaget sie bey der Wahl, die sie meinem eigenen Herzen überläßt. Sie hat von dem, was das Glück genannt, und oft bey Verbindungen ganz allein in Betrachtung gezogen wird, die vernünftigste Meynung, und für eine höhere Führung die tiefste Ehrfurcht.

Siebenzehnter Brief.

Dieser Vorsehung überläßt sie den größten Theil meines Schicksals, und auf dem Wege der Tugend hat sie mich allein glücklich zu machen gesucht. Sie sehen also, daß Sie die Stimme meiner Mutter bey Ihrer Wahl nicht wider sich haben. Gleichwohl sehe ich bey den jetzigen Umständen unsre Verbindung noch weit hinausgesetzt. Möchte nur die Vorsehung sich ins Mittel schlagen, und den Entschluß erleichtern helfen, der ohne ihren Beystand noch länger verzögert wird. Ich hoffe alles von Ihrer Güte. Schreibe ich Ihnen nicht lange Briefe? heißt dieses nicht buchstäblich, ich bin Ihre gehorsame Dienerin?

Kulmus.

Achtzehnter Brief.
An eben Denselben.

Danzig den 10. Sept. 1731.

Hochzuehrender Herr,

Sie scheinen mit der Versicherung meiner Gedult in Erwartung verbesserter Umstände nicht ganz beruhiget zu seyn, und thun mir gewisse Vorschläge, diese bald zu verändern, und unsere Verbindung zu beschleunigen. Ich gestehe Ihnen mit aller Aufrichtigkeit, daß ich von allen diesen nichts vortheilhaftes für Sie finde. Ich suche mein Glück in Ihnen und nicht in Ihren Würden. Sie allein werden mir so, wie Sie seyn, immer werth und immer schätzbar bleiben. Keine Entschlüssung soll mich mehr erfreuen, als wenn Sie dem Zustand Ihres Glücks um meinetwillen nicht eine ganz andere Lage geben wollen. Der Erfolg könnte fehlschlagen und ich

würde

Achtzehnter Brief.

würde mir einen ewigen Vorwurf machen, die unschuldige Ursache darzu gegeben zu haben. Ich verlasse mich auf die Fügung des Höchsten, und auf meine Gedult. Bey diesem Vorsatz kann es nicht fehlen, es wird noch alles nach Wunsch gehen.

Der Herr ** zeigt vielen Schmerz über den Tod seiner Gemahlin. Nach der Abschilderung des Wittwers verdienet diese auch seine Klagen. Ein Ausdruck verhindert, daß ich diesen Verlust nicht so sehr beklage, als mein mitleidiges Herz es sonst zu thun geneigt wäre. Der Verfasser sagt, er habe seine Frau mehr **angebetet** als geliebet. Ist dieser Ausdruck einem Christen, und noch darzu einem Geistlichen wohl anständig? Ein höheres Wesen zeiget ihm, wie hinfällig sein Abgott gewesen. Er wünschet Ihnen ein besser Schicksal. Ich kenne zwar die Kette seines Verhängnisses nicht. Meynt er aber den Tod seiner Ehegattin dadurch und wünscht er Ihnen, daß Sie nicht Wittwer

werden

Achtzehnter Brief. 45

werden möchten; so nehme ich, mir die Freyheit nicht seiner Meynung zu seyn. Nein, mein theurer Freund! ich wünsche Ihrer künftigen Gattin, (sie sey wer sie wolle) nimmermehr, daß sie Ihren Tod erleben möge.*)

: Die Blätter des **Bürgers** habe ich ganz durchgelesen. Dieß ist keine Kleinigkeit, und die Zeit dauerte mir ziemlich lange dabey. Der gute Mann wirft Fragen auf, die er oft ganz unrecht beantwortet. Er nimmt Materien vor, die er nicht abhandelt, oft widerspricht er sich selbst, und kurz, er hat mir lange Weile gemacht.

Die Lobrede auf den D. Philippi, und das andere Stück die **gefrorne Fensterscheibe** sind zwey scharfsinnige Schriften. Man kann dem Verfasser derselben mit dem D. **Swift** in eine Classe setzen. Es ist recht gut, daß

Deutsch=

---

*) Dieser Wunsch ist erfüllet worden. Die Frau Gottsched ist vier Jahre vor ihrem Gatten aus der Welt gegangen.

Deutschland in allen Arten große Schriftsteller hervorbringt. Ich will Ihre Gedult nicht mißbrauchen und Ihnen in aller Kürze sagen, daß ich die Ihrige bin.

Kulmus.

Neunzehnter Brief.
An eben Denselben.

Danzig den 12. Januar, 1733.

Hochzuehrender Herr,

Sie senden mir immer gute und lehrreiche Schriften aus Ihrem glücklichen Sachsen, allein so etwas vortheilhaftes, als ich Ihnen hier beyfüge, ist doch noch nicht dort aus Licht getreten. Pommern ist der Ort, wo diese Vorschläge zur Errichtung eines Heyraths=Collegii sind erdacht und ersonnen worden. Sie lauten also:

1) Müssen tausend Personen männlichen und weiblichen Geschlechts, so alle noch unverheyrathet

Neunzehnter Brief.

rathet sind, darzu angeworben werden; weil die Anzahl der geschlossenen Gesellschaft aus tausend Personen bestehen soll.

2) Jede von diesen erleget beym Eintritt 7 Thlr. von welchen der Fond gemacht wird. Dieses Geld wird auf gute Sicherheit ausgeliehen, und von den Zinsen werden die damit beschäftigten Personen für ihre Besorgung bezahlt.

3) So oft eine Person aus dieser Gesellschaft heyrathet, muß ein jedes Mitglied einen Thaler Beytrag geben, welches Geld der verheyratheten Person nach vier Wochen, wenn sie ihre Heyrath bekannt gemacht hat, ausgezahlt wird. Sie erhebt also gleich 1000. Thlr.

4) Damit diese Gesellschaft bestehen möge, so ist nöthig, daß allemal Expectanten vorhanden sind, und jeder, so sich verheyrathet, ist verbunden ein Mitglied an seine Stelle zu schaffen.

5) Weil auch eine genaue Ordnung höchstnöthig ist, so sollen zehn Inspectores erwählt werden,

den, davon jeder hundert Personen unter sich hat; an diese werden die Heyrathen gemeldet, und diese sammlen die Gelder.

6) An einen von der Gesellschaft einstimmig erwählten Hauptdirector werden die eingehobenen Gelder geliefert, nnd von ihm an die verheyratheten Personen ausgezahlet. Man setzet zum Voraus, daß dieser Hauptdirector ein sicherer Mann sey.

7) Stirbt einer aus der Zahl der unverheyratheten, so wird von jedem Mitgliede 12 Gr. gegeben. Diese Summe wird dem nächsten Verwandten des Verstorbenen als ein Erbtheil ausgezahlt, doch wird von dieser Summe der Vierte Theil zur Casse abgezogen.

8) Alle Jahr zahlet jedes Mitglied 12 Gr. freywilligen Beytrag zur Casse.

9) Wer mit seinen Beyträgen länger als einen Monat zurücke bleibt, wird ausgestrichen.

10) Die Expectanten bezahlen die Hälfte von allen Beyträgen.

11) Alle

Neunzehnter Brief.

11) Alle Jahre den Tag nach Michaelis, kommt das Collegium zusammen, da denn die Rechnung der Gelder abgeleget, und ein Theil des Ueberschusses an Nothleidende gegeben wird.

12) Die ganze Einrichtung wird denen Mitgliedern, so in diese Gesellschaft treten wollen, bekannt gemacht, auch können diejenigen die was zur Verbesserung dieses Ordens beytragen wollen, ihre Meynung in der ersten Versammlung sagen.

Wie gefällt Ihnen dieser pommerischer Einfall? Ich finde den Anschlag sehr nützlich und für viel Partheyen vortheilhaft. Zumal wenn zwey Personen aus der Gesellschaft sich heyrathen, so ist diese Ausstattung ein ganz guter Anfang zu ihrem Glücke, und was meynen Sie, wenn? = = =

Sie haben mir die Wochenschrift der *vernünftige Träumer* zugeschickt, und ich wünschte als ich ihn las, daß er wieder aufwachen möchte, ich bildete mir ein, ich läg selbst im Traum,

Traum, so ermüdete mich seine Erzählung. Aber gleich will ich abbrechen, um meinen Brief nicht ein gleiches Schicksal zuzuziehen. Erlauben Sie mir nur, ihn noch mit der Versicherung einer ewigen Freundschaft zu schlüssen.

Kulmus.

Zwanzigster Brief.
An eben Denselben.

Danzig den 16. Januar. 1733.

Hochzuehrender Herr,

Ich habe diese Woche eine traurige Woche gehabt. Meine Anverwandten finden für gut, unsern Briefwechsel wohl nicht ganz zu unterbrechen, doch aber mir aufzulegen, nicht so oft wie bisher an Sie zu schreiben. Es ist eine der stärksten Proben die man von mir fordert. Doch es sey auch dieses. Man machet mir eine Pflicht daraus, so will ich sie erfüllen, es koste was es wolle.

Zwanzigster Brief.

wolle. Ich eile Ihnen diese Nachricht zu geben, damit Sie mein Stillschweigen nicht etwa zu meinem Nachtheil auslegen. Die Last wird mich am meisten treffen und mein Gesicht wird später als bisher aufgeheitert werden. Wie lange werde ich müssen in Ungewißheit bleiben, ob Sie gesund oder krank, zufrieden oder mißvergnügt sind? Dieses ist ein Opfer, welches ich auf meine Kosten unserer Freundschaft bringen soll.

Die Censur der Lohensteinischen Trauerrede im dritten Stück der critischen Beyträge ist recht nach meinem Sinne, aber was werden die Lohensteinischen Verehrer darzu sagen?

Die Ode an den König ist ein Meisterstück ihrer Muse. Ich wünschte daß meine Ode an die Kayserin nicht länger gerathen wäre; sie würde vielleicht eher gelesen oder angehöret worden seyn; Jetzt ist es zu spät. Ein andermal werde ich mein poetisches Feuer nicht ganz ausbrennen lassen, sondern es zu rechter Zeit auslöschen.

lőschen. Ich lege Ihnen hier diese Arbeit meiner Muse bey und erwarte Ihr Urtheil mit Ungeduld darüber. Schreiben Sie mir oft und schreiben Sie mir lange Briefe, ob ich solche gleich sparsamer als sonst beantworten werde. Doch wer weis wie lange dieses Verbot dauert. Ich bin überzeuget, daß es eher wieder aufgehoben wird, als ich aufhören werde Ihnen ganz ergeben zu seyn.

Kulmus.

Ein und zwanzigster Brief.
An eben Denselben.

Danzig den 15. Febr. 1733.

Hochzuehrender Herr,

Sie haben Recht, bald wäre ich gestorben. Die Klagelieder, die Ihnen die Freundschaft gegen mich in die Feder geflößet, erweckten mich aus meiner Leblosigkeit. Aber welch Unrecht thun

Ein und zwanzigster Brief.

thun Sie mir, wenn Sie mein voriges Schreiben für eine Erklärung meines Willens, nicht aber für das annehmen, was ich der Vorschrift meiner Anverwandten schuldig bin? Was würden Sie von einer Person halten, die in dem Hause Ihrer Mutter sich derselben widerspenstig erzeigte, und dieser nicht ihren ganzen Willen aufopferte? Würden Sie nicht vermuthen, daß diese Person in Zukunft auch eine widerspenstige Frau seyn würde? wie unbillig sind also Ihre Verweise? Sie nennen mich grausam, Sie beschuldigen mich meines Versprechens vergessen zu haben = = = Doch ich will von allen nichts mehr erwähnen, was Sie mir beymessen. Haben alle Versicherungen einer beständigen und ewigen Freundschaft nichts mehr ausgerichtet, als daß Sie bey jedem rauschenden Blatte solche in Zweifel ziehen? Meynen Sie daß ich fähig sey, einen so ernsthaften Briefwechsel zu führen, wie der meinige gewesen? solche Versicherungen zu geben, wie ich mündlich und schriftlich

lich gethan, und demohngeachtet mein Wort nicht zu erfüllen? Halten Sie mich keiner so uneblen Gesinnung fähig, ich beschwöre Sie darum, oder hören Sie auf sich meinen Freund zu nennen. Meynen Sie, daß es mir nicht schwer geworden, Ihnen die Nachricht von unsern gehemmten Briefwechsel zu geben, und das Verbot hernach zu erfüllen? Sie irren sehr, wenn Sie mich ganz gelassen bey dieser Sache glauben, die einen wesentlichen Theil meiner Glückseeligkeit ausmachte; Glauben Sie mir, es hat mich viel Ueberwindung gekostet diesen Schritt zu thun. Wäre unsre Freundschaft ein Feuer, das erstickt werden könnte, so wäre es längst geschehen. Wäre meine Mutter Ihnen ganz abgeneigt; so hätte Sie Ihnen alles abgeschlagen, und ihre Tochter nicht auf gewisse Bedingungen versprochen. Diese hängen von der Zeit und einigen günstigen Umständen ab, und müssen von unserer Geduld erwartet werden. Fürchten Sie also nichts, wo nichts zu fürchten ist;

Zwey und zwanzigster Brief.

ist; und lassen Sie uns eine Probe unserer Geduld ablegen, so werden wir endlich herrlich belohnet werden.

Ich war krank, traurig, sterbend; aber diesen Augenblick erhalte ich ein neues Schreiben, und so werde ich wieder munter, gesund und ganz neu belebt. So viel Gewalt hat ein Brief von Ihnen über Ihre

Kulmus.

Zwey und Zwanzigster Brief.
An eben Denselben.

Danzig den 7. März 1733.

Hochzuehrender Herr,

Sie hören nicht auf meine Büchersammlung zu bereichern. Das musicalische Lexicon war mir noch ganz unbekannt. Ich habe schon viele Zweifelsknoten dadurch aufgelöset, und jedesmal

mal erinnere ich mich dabey an Ihre Güte, die mir solches zugeschickt hat. Auch für die Anmerkung meiner Fehler in der Ode an die Kayserin, danke ich Ihnen recht sehr. Ueber die eine Stelle aber werde ich mich gleich rechtfertigen.

Ich habe der Kayserin den Titel der **Großen** beygeleget. In Ihren Patenten führt Sie diesen Titel, folglich nennte Sie die Kulmus auch also. Es ist der Kayserin Ihre Sache, sich diesen Namen von der ganzen Welt zu erwerben, oder Ihren großen Nachkommen dieses Werk zu überlassen.*) Mit dieser und noch einigen kleinen Criticken bin ich durchgekommen, und kann mit einer so gnädigen Strafe wohl zufrieden seyn.

Man

---

*) Auch hier hat unsere Kulmus glücklich prophezeyet. Einer Cath'arina war dieser Nahme aufbehalten; der Kayserin so die Bewunderung jetziger und künftiger Zeiten ist und seyn wird.

Zwey und zwanzigster Brief.

Man hat dabey meinen Vers noch viel unverdiente Ehre angethan. Sie selbst sollen diese Ode verfertiget und mir zugeschickt haben. Aergern Sie sich hierüber nicht, mein philosophischer Freund! Gönnen Sie mir die Freude, daß meine Blätter einer Schrift ähnlich sehen, die ein Gottsched (und sollte es auch im Schlafe seyn) könnte gemacht haben. Weniger Tadel hoffe ich einst ausgesetzt zu seyn, wenn ich unter Ihren Augen etwas verfertigen werde. Immer sollen Sie mein bester Lehrmeister, und ich immer Ihre lehrbegierige Schülerin seyn

Kulmus.

Drey und zwanzigster Brief.
An eben Denselben.

Danzig den 19. März 1733.

Hochzuehrender Herr,

Sie verlangen meine Beschäftigungen, meine Gesellschaft zu wissen? Ihr Hausgeist muß Ihnen also nicht viel Nachricht von mir geben können. Was kann er Ihnen auch von meinem Thun sagen, da ich mit nichts als Gedanken beschäftiget bin? Ich selbst will Ihnen auf Ihre Fragen am besten antworten. 1) Ob ich vergnügt bin? = = Nur zuweilen des Posttages, die übrige Zeit bin ich ruhig und nicht unzufrieden. 2) Ob ich oft an Sie denke? = = Mein Geist schwebt immer um Sie. 3) Wie ich meine Tage zubringe? = = Mit allem, was meine Pflichten von mir fordern. 4) Mit wem ich umgehe? = = Mit zwey einzigen vertrauten
Freun=

Drey und zwanzigster Brief.

Freunden, die mich seit einiger Zeit keinen Augenblick verlassen, sondern mich wechselsweise auf unterschiedene Art beständig unterhalten. Sie heißen Furcht und Hoffnung. 5) Was die D. Seladons für Eindruck auf mein Gemüthe machen? = = So lange ich der Meynung seyn werde, daß Socrates mir mehr als ganz Athen ist, so lange werden mir alle zierliche Statüen sehr gleichgültig seyn. Hier haben Sie mein Bekenntniß. Ich hoffe, daß alle Ihre Zweifel gehoben seyn. Die meinigen werden durch die gute Meynung, die ich von Ihrer Redlichkeit habe, alle in den ersten Augenblicken ihres Ursprungs erstickt. Nichts, wie es Nahmen hat, soll die Gesinnungen mindern, mit welchen ich Ihnen ganz ergeben bin.

Kulmus.

Vier und zwanzigster Brief.
An eben Denselben.

Danzig den 11. April 1733.

Hochzuehrender Herr,

Ich erfahre bey den Zuschriften der Jgfr. = = die Wahrheit des Sprüchworts: Wodurch man sündiget, dadurch wird man gestraft. Hätte ich mich nicht an den Musen versündiget, und ein Gedicht zu machen mich gewaget, so wäre ich nimmermehr dieser Dichterin bekannt worden, und mit ihren Briefen wäre ich verschont geblieben. Meine Antwort war freylich einigermaßen im Eifer geschrieben: das verwünschte Quoblibet*) hatte mich im Ernst böse gemacht. Ich halte dafür daß die Ehre der Gelehrsamkeit noch
auf

---

*) Ein Quoblibet, welches diese Dichterin auf eine Hochzeit in Danzig gemacht hatte.

Vier und zwanzigster Brief.

auf sehr schwachen Füßen steht, und daß eben nicht weibliche Federn das mit vieler Mühe erbaute Gute wieder niederreissen sollen.

Wie gefällt Ihnen die französische Schrift Le Glaneur? Da der Verfasser im Haag lebet, so kann er in diesen critischen Wochenblatt seine Gedanken frey und ohne Furcht erklären; ein Vortheil, dessen sich nur die Einwohner in Republicken bedienen können. Seine Meynungen über die Schauspiele sind Lobreden Ihres Trauerspiels Cato. Möchte doch der vernünftige Verfasser dieser Wochenschrift so viel ausrichten, daß Ihre Feder zu mehr Meisterstücken solcher Art verleitet würde! Die Ehre Ihres Vaterlandes rühret Sie viel zu sehr, als daß Sie sich nicht einer Beschäftigung widmen sollten, die so rühmlich für Sie und so nützlich für Ihre Mitbürger ist.

Sie haben die Güte gehabt, sich meines Geburtstages zu erinnern und mir dabey sowohl in englischer als deutscher Sprache gesagt, wie

ich

ich seyn sollte, und wie ich zu meinem Leidwesen nicht bin. O! hätten Sie die Uranie nicht so vollkommen geschildert; so würde mir es leichter seyn ihr nachzuahmen. Das angenehmste Geschenk, so Sie mir gemacht, ist dieses, daß Sie meine Bitte haben statt finden lassen, mir gar keins zu geben. Was ich aus Leipzig wünsche, ist auf keiner Messe zu Kauf. Ihre Freundschaft, Ihre Liebe, kann in keinen stärkern Grad seyn als ich Ihre ergebenste Dienerin und Freundin bin.

Kulmus.

Fünf und zwanzigster Brief.
An eben Denselben.

Danzig den 6. Junius 1733.

Hochzuehrender Herr,

Meine Ode auf die Rußische Kayserin ist glücklicher als ich gewesen; sie hat der hier residirenden Herzogin von Curland eher als ich, sich gezeiget, und was noch mehr? sie ist mit Beyfall aufgenommen worden. Die Herzogin hat hierauf verlangt mich zu sprechen. Die Baroneffe von Frensdorf hatte den Auftrag erhalten, mich zu dieser Fürstin zu bringen, und wir fuhren zusammen dahin. Die Herzogin sprach mit ganz besonderer Gnade und recht viel mit mir. Sie that mir sehr viel Fragen: Ob ich mit der Frau von Ziegler im Briefwechsel wäre? Ob nach ihrer Aufnahme in die deutsche Gesellschaft, noch einem andern Frauenzimmer diese Ehre

Ehre wiederfahren wäre? In was für einer Verfassung die deutsche Gesellschaft jetzt stünde? Ob sie sich des Schutzes eines regierenden Fürsten zu erfreuen hätte? Ob die deutsche Gesellschaft viel auf den Tod des Königs geschrieben? Ob ich selbst meine Muse nicht hätte klagen lassen? Ob ich die Music liebte? Ob ich die italienische Sprache verstünde? Ob ich beschlossen hätte in Danzig zu leben und zu sterben? = = Ich beantwortete diese und noch mehr Fragen mit ehrerbietiger Freymüthigkeit, und der Herzogin gnädiges Bezeigen erheiterte mich ganz, und machte mich aufgeweckter, als ich es vermuthet hatte.

Endlich schlug die Glocke halb 7 Uhr. Die Herzogin sagte: „es ist mir lieb, daß ich sie „gesehen habe, wenn künftig was von Ihnen „herauskommt, so kenne ich doch die Verfas-„serin. Kann ich ihnen jemals eine Gefällig-„keit erzeigen, so werde ich mir eine Freude
,,daraus

„daraus machen. Hierauf fuhr ich sehr zufrieden mit meiner Begleiterin wieder nach Hause.

Sie haben mir durch meinen Bruder eine lange Bußpredigt halten lassen. Diese hat eine so schnelle Wirkung gethan, daß ich Ihnen seit 4 Tagen den zweyten Brief schreibe, und in so kurzer Zeit schon zum zweyten mahl wiederhohle, daß ich Ihnen ganz ergeben bin.

Kulmus.

Sechs und zwanzigster Brief.
An eben Denselben.

Danzig den 8. Jul. 1733.

Hochzuehrender Herr,

Sie sind mit mir zufrieden. Sie versichern mich solches in Ihrem letzten, mit vielen freund=schaftlichen Ausdrücken angefüllten Schreiben; das ist fast alles was ich wünsche. Denn un=

Sechs und zwanzigster Brief.

mögliche Dinge zu wünschen, bin ich wirklich zu philosophisch. Ich fasse also meine Seele in Gedult und wünsche, was denn? Daß die Tage, die wir nach dem Schluß der Vorsehung noch von einander getrennt zubringen sollen, bald, bald vergehen mögen. Möchten es doch lauter kurze Wintertage seyn, so verschlief ich doch einen Theil meines Kummers mehr als jetzt in den langen Sommertagen, wo ich sehr früh und sehr spät, mit dem Andenken an Sie beschäftiget bin. Auf die Frage, wegen der Wahl meines Aufenthaltes, antworte ich Ihnen: ich hoffe allenthalben glücklich zu seyn, wo ich ein gutes Gewissen zur innerlichen Befriedigung, die Tugend zur Gefährtin und Sie, als meinen aufrichtigsten besten Freund, stets um mich haben werde. Ich kenne Leipzig so wenig wie G. Wer weis, durch welchen glücklichen Zufall diese neue Akademie in größeres Aufnehmen kömmt. Wahrscheinlich ist es, und die Zeit wird es lehren, wie weit diese Muthmaßung gegründet sey.

Der

Sieben und zwanzigster Brief. 67

Der Hr. Abt M. Ihr Freund, wird Ihnen gewiß nichts übles rathen. Meine Wünsche begleiten Sie bey allen Ihren Unternehmungen. Die Vorsicht wird sie so gewiß erfüllen als ich bin Ihre aufrichtige Freundin.

Kulmus.

Sieben und zwanzigster Brief.
An eben Denselben.

Danzig den 20 Octbr. 1733.

Hochzuehrender Herr,

Die Biedermännische Eintheilung Ihrer Stunden hat meinen ganzen Beyfall. Die zwey übersetzten Reden habe ich mit vielem Vergnügen gelesen. Von der einen, welche unsere gute Stadt Danzig insonderheit angehet, wird schon viel gutes vermuthet.

Meine Ode hat kein besser Schicksal verdient, als ganz mit Stillschweigen übergangen zu werden,

Sieben und zwanzigster Brief.

In der besten Welt hat es so seyn müssen, um mich nicht zu verderben. Wer weis = = ob ich nicht stolz geworden wäre. Indessen trägt man sich hier mit einer Zeitung, daß ich ein ansehnlich Geschenk erhalten hätte. Der Beyfall der Herzogin von Curland ist mir viel schätzbarer, als mir tausend Rubel gewesen wären. Ich wünsche nur eine Gelegenheit zu finden, dieser menschenfreundlichen Fürstin einen öffentlichen Beweis meiner Ehrfurcht zu geben.

Entdecken Sie mir doch, was das Verzeichniß der Nahmen, die sich auf **manu** endigen im vierten Stück der critischen Beyträge für einen Nützen haben soll? Wer zweifelt wohl, daß deutsche Männer auch deutsche Nahmen und Endigungen durch das ganze Alphabet haben? Welche kostbare Zeit wird auf solche Kleinigkeiten verschwendet! Ich für mein Theil weis jeden Augenblick gut anzuwenden. Wollen Sie die Berechnung meiner Stunden lesen?

Gleich

Sieben und zwanzigster Brief.

Gleich bey Anbruch des Tages beschäftige ich mich mit geistlichen Betrachtungen, die meine Seele zu ihren Schöpfer erheben; Die Seele, die den Anfang ihres Wesens eben so wenig, als ihre Unsterblichkeit ergründen kann, genüßt bey diesen heiligen Empfindungen einen Vorschmack der künftigen Seeligkeit, der fröhlichsten Hofnung.

Hierauf ergötzet sich mein Geist an den vortreflichen Werken der Natur. Das kleinste davon zeigt mir die Größe des Schöpfers, neue Schönheiten, und neue Wunder. Dieses ist die allerangenehmste Beschäftigung für mich. Ich verliere mich darinnen und rufe voller Bewunderung aus: Welch eine Tiefe des Reichthums! Zuletzt werde ich traurig, wenn ich denke, wie kurz meine Lebenszeit seyn kann, und wie wenig ich von dieser mir so wichtigen Wissenschaft entdecken werde.

Will ich mein Gemüth wieder aufheitern, so setze ich mich ans Clavier, und übe mich so vollkommen zu werden, als Sie 1729 wünschten, daß ich seyn möchte. Hier denke ich mit doppeltem Eifer an meinen Freund und wünsche seinen Beyfall zu erlangen, und daß die Tage unserer Prüfung zu Ende seyn möchten, und daß unsre Gedult belohnet würde. Die übrige Zeit bringe ich mit Lesung nützlicher Bücher hin. Jetzt lese ich den la *Brayere*, und den Horaz, und beneide einen Dacier alles Vergnügen, so er bey dieser Arbeit gefunden.

So vergehen meine Tage, und meine Stunden, unter welchen ich diese vorzüglich glücklich schätze, in welchen ich mich mit Ihnen unterhalte und die Versicherung meiner ewigen Ergebenheit wiederhole.

Kulmus.

Acht und zwanzigster Brief.
An eben Denselben.

Danzig den 12. Aug. 1733.

Hochzuehrender Herr,

Ich weis nicht Worte zu finden, Ihnen meinen Dank für Ihr Andenken und Ihre Sorgfalt vor das Wachsthum meiner Kenntniſſe und Wiſſenſchaften abzuſtatten. Ich bin Ihnen dafür ewig verpflichtet. Hier haben Sie ſchon wieder die gewöhnliche Formul. Zu der wohlgerathenen Ueberſetzung der franzöſiſchen Lobrede auf den großen Turenne wünſche ich Ihnen aufrichtig Glück. Es iſt ein Meiſterſtück und wird Ihnen nach langen Zeiten noch Ehre machen. Ich wünſche Sie gedruckt zu leſen. In Ihrer Lehre der Weltweisheit bin ich im erſten Hauptſtücke des II. Theiles vom Nutzen der Vernunftlehre. Ich bewundere die dritte

Eigenschaft der guten Lehrart, und die schöne Ordnung, dadurch der Inhalt sehr erleichtert wird. Der Erweis, daß es besser sey unter einem Fürsten, als in einer Republick zu leben, ist so ein Erweis, den man einem Sachsen bey der glücklichen Regierung eines Augusts verzeihen muß. Sind die Regierungen der Fürsten durchgängig so glücklich, als der Verfasser sie beschreibt? Oder treffen die Unordnungen in einer Republick allemal in einem so hohen Grad ein, wie er sagt? Ich bleibe darbey, daß sein Erweis schwer zu behaupten sey. Die Regierung eines Salomo ist freylich des Ruhms der Nachwelt werth; doch ist eine Römische Freyheit, ehe sich die ungezähmte Begierde zum herrschen der Gemüther bemeisterte, auch unter die glücklichsten Epoquen zu zählen.

Das Gedicht des Hrn. Mag. May an den Herrn Bennemann ist so schön, als man es von der geschickten Feder eines so glücklichen Genies vermuthen kann. Ich glaubte es wäre

kaum

Acht und zwanzigster Brief.

kaum möglich, nach dem, was Sie dem betrübten Vater schon gesagt hatten, noch etwas zu dichten und zu sagen, was mit Recht Lob verdiente. Ich habe mich aber geirret. Ein Irrthum, den Sie mir in Absicht auf Ihren Freund verzeihen können.

Mit dem **Sethos** bin ich zwar aus der großen Pyramide glücklich heraus, aber auch nicht viel weiter. Dieser Spaziergang ist uns beyden ziemlich sauer worden, es ist billig, daß wir ein wenig ausruhen. Ich muß gestehen, daß es mir leichter und angenehmer seyn wird, die ersten Gründe der Weltweisheit von Ihnen, nach Anleitung Ihres neuen Werks zu erlernen, als von diesen morgenländischen Prinzen. Gleichwohl will ich ihm nicht aus der Schule laufen, sondern bis ans Ende aushalten. Sie verlangen es ja, und ich erfülle Ihren Willen mit Freuden.

Orpheus Reise, so wie ich sie im Sethos gelesen, kommt mir nicht recht wahrscheinlich vor.

vor. Nein ich mag keine **Euridice** und Sie sollen nicht mein Orpheus seyn. Lassen Sie uns unsern Bund nie brechen, so werden Sie immer mein auserwählter Freund, und ich immer Ihre ewig treue Freundin seyn.

Kulmus.

Neun und zwanzigster Brief.
An eben Denselben.

Danzig, im Sept. 1733.

Hochzuehrender Herr,

Sie haben verlangt, daß meine Muse sich an die Verdienste der Frau von Ziegler wagen soll. Auch diese leistet Ihnen Gehorsam, und ich lege Ihnen ein poetisches Schreiben an diese verehrungswürdige Frau bey. Kein Gedicht kann ich es nicht nennen, denn es sind lauter Wahrheiten von der einen Seite, und Empfindungen von der andern, obwohl sehr schwach ausgedrückt.

Neun und zwanzigster Brief.

drückt. Ich werde auch nie ein Gedicht verfertigen. Ein Dichter muß reich an Erfindung seyn und muß vieles schön zu sagen wissen, was er nicht empfindet. Diese Gabe habe ich nie gehabt, und entsage also aller Ehre, die damit verknüpft ist. Entschuldigen Sie meine Freyheit und empfehlen Sie mich dieser Musenfreundin auf das beste. Bey Ihnen bitte ich um Nachsicht meiner Fehler und wünschte unter Ihrem Antheil es besser gemacht zu haben. Ich bin mit wahrer Hochachtung Ihnen ergeben.

Kulmus.

Dieses poetische Sendschreiben ist in dem Ehrenmaal der seel. Frau Gottsched gedruckt und dieserwegen nicht hier eingerückt worden.

Dreyßigster Brief.

An eben Denselben.

Danzig den 7. Octobr. 1733.

Hochzuehrender Herr,

Die Anfangsgründe Ihrer Philosophie sind mir sehr angenehm, und ich habe bereits das Vte Hauptstück beendiget. Ich würde viel weiter seyn, wenn die Unruhen, welche der Republick Pohlen drohen, mich nicht auch beunruhigten. Ich bin nicht stark genug, das Ungemach des uns so nahen Krieges und die vielleicht entfernte Hoffnung zum Frieden aus einerley Gesichtspuncte zu betrachten, und eines wie das andere mit gleicher Gemüthsruhe zu erwarten. Wie glücklich sind scharfsichtige Beurtheiler, die durch alle Finsternisse hindurch das hellste Licht erblicken. Diese sind ruhig, weil sie den Ausgang der verwickelsten Dinge, gleich im Anfang

Dreyßigster Brief.

fang einsehen. Ich will in Gedult erwarten, was die Vorsehung beschlossen hat. Indessen will ich in Ihre Schule zurücke kehren. Von Ihnen unterrichtet, werde ich mich bemühen als ein vernünftiges Geschöpf in der Welt zu leben und zu handeln. Den practischen Theil dieses Werks erwarte ich mit Ungedult.

Lesen Sie doch beyliegendes Gedicht von der Jgfr. B. Die Wahrheit, die in allen Zeilen herrscht, hat meinen ganzen Beyfall. Daß der Himmel dieser Welt weit vorzuziehen ist; daß uns Gott nicht über Vermögen züchtiget; daß er der beste Freund im Himmel und auf Erden ist; dies sind lauter Wahrheiten, die kein Christ läugnen wird. Meine Mutter bestätiget diesen Satz durch ihr Beyspiel. Sie findet in der Freundschaft mit Gott die Ruhe, die so viele Menschen in dem Getümmel dieser Welt vergeblich suchen. Wenn Ihr Gemüth viel Unruhe erfahren, so kehret endlich ihre Seele in die Stille zurücke, in welcher sie das innere

Gefühl

Dreyßigster Brief.

Gefühl ihres Glücks aufheitert. Ihr Cörper wird bey dem Eifer, mit welchem Ihre Seele arbeitet, geschwächet, allein er gewöhnt sich daran, und wird von einer höhern Kraft unterstützet. Dieser Beystand ist das größte Guth des Gemüths, der Seelen, und des Leibes. Sie empfiehlet mir diese Mittel bey allen künftigen Vorfällen meines Lebens. Ich werde Ihren Lehren folgen, und mich alsdenn der guten Hand Gottes ganz überlassen. Von dieser geleitet, wird es niemals fehlen Ihrer

Kulmus.

Ein und dreyßigster Brief.

An eben Denselben.

Danzig den 11 Novbr. 1733.

Hochzuehrender Herr,

Es scheint daß Sie nicht müde werden mich mit Geschenken zu überhäufen, ich fürchte eher, daß meine gewöhnliche Danksagungen Sie ermüden möchten. Ihre Freygebigkeit findet immer neue Arten sich mir zu zeigen, die Ausdrücke aber, wodurch ich Ihnen meine Erkenntlichkeit versichere, sind allgemein und fast erschöpft. Ich bin oft so bestürzt, daß ich nicht weis, was ich Ihnen sagen soll.

Sie verlangen mein Urtheil über Ihr neues Trauerspiel? Meiner Meynung nach, gleicht es den großen Schönheiten, die, sobald sie sich zeigen, aller Augen auf sich ziehen. Ich habe es mit Vergnügen gelesen, und alle Beredsamkeit

keit darinnen gefunden, die mir fehlet um seinen Werth zu erheben. Am Ende dieses Trauerspiels habe ich herzlich lachen müssen. Sie haben in der Vorrede zu Ihrem Cato sich erkläret, daß Sie in theatralischen Stücken die Heyrath nicht leiden könnten; Gleichwohl haben Sie es nicht lassen können hier Ihre Iphigenia zu verheyrathen. Sie thaten auch Recht; und da des guten Kindes Schicksal in Ihrer Gewalt stand, so konnte es sich nicht anders als glücklich endigen. Diese Anmerkung ist eine süße Rache für die Beschuldigung, die Sie mir in Ihrem letzten Brief aufbürden. Ich habe mich niemals erkühnet das wichtige Geheimniß der großen Pyramide in Sethos zu errathen; oder eine Sache klar einzusehen, wo die größten Philosophen kein Licht finden. Das nenne ich schalkhaft, die unschuldigsten Ausdrücke anders auszulegen und ein Räthsel darinnen zu finden, was ich ohne alle Zweydeutigkeit gesagt habe. Ich räume Ihrer Philosophie die Ehre willig

ein,

Ein und dreyßigster Brief.

ein, daß ich etliche, für mich ganz unbegreifliche Stellen darinnen gefunden. Ich erkühne mich auch nicht, jemals einen Anspruch auf den Grad von Kenntnissen in der Weltweisheit zu machen, welcher erfordert wird, alle Theile derselben zu verstehen. Dieses ist den Meistern dieser Lehre vorbehalten. Ich will, wie die Frau von **Sevigne** sagt, diese Wissenschaft wie das l'Ombrespiel lernen, nur zum Zusehen, nicht zum Mitspielen. Ich will durch diese Wissenschaft, mich selbst zu kennen, und durch diese Kenntniß meine Fehler zu verbessern, mich bemühen. Würde **Sethos**, wenn er noch lebte, nicht vielleicht selbst gestehen, daß, ohngeachtet seiner Fackel, welcher er sich auf dem Wege in seiner Pyramide bediente, er gleichwohl oft im Finstern getappet, und daß er nur froh war mit dem Leben davon zu kommen? Dieses ist ohngefehr ein Theil meiner Geschichte, und ich glaube der meisten Leser ihren ebenfalls. Das Buch vom D. Swift hat meinen ganzen Bey=

fall, wenn er nur unsern Seelen eine andere Gestalt gegeben hätte.

Das kleine Lustspiel ist recht gut gerathen. Ich antworte Ihnen darbey auf Ihre Frage, daß ich einen einzigen **Crast** allen gefälligen Männern vorziehen würde.

Leben Sie wohl, bester Freund, und erlauben Sie mir, in Zukunft Ihnen allemal diesen Namen beyzulegen. Ich bitte mir eben daſſelbe von Ihnen aus; ich weiß nichts reitzenders für mich, als Ihre Freundin zu seyn. Denn diese Würde wünschet sich bis ins Grab zu behaupten Ihre

Kulmus.

Zwey und dreyßigster Brief.
An eben Denselben.

Danzig den 6. Jan. 1734.

Nein, bester Freund, ich habe Sie keines Kaltsinns, keiner Nachläßigkeit beschuldiget. Diese Fehler argwohnet mein Herz nie bey einer Person, die ich liebe und hochschätze. Ich will Ihnen den Trost sagen, den ich mir zu meiner Beruhigung über Ihr Stillschweigen erdachte; er war schwach, aber es war doch ein Trost. Ich bildete mir ein, daß bey den jetzt unordentlich gehenden Posten, vielleicht ein Schreiben sey liegen geblieben: Oder, daß Sie, mit Geschäften überhäuft, verhindert würden, mich Ihres Andenkens zu versichern. Wie glücklich aber habe ich mich geirret. Den 31sten Decbr. erhielt mein Vetter Nachricht aus Königsberg, daß Herr Professor Bock die Stelle des Herrn Pietsch

Pietsch erhalten. Wie traurig ich also das alte Jahr beschlossen, können Sie sich leicht vorstellen, denn ich glaubte, daß nunmehro keine Hoffnung zu einer baldigen Beförderung übrig wäre. Nimmermehr hätte ich vermuthet, daß ich zwey Tage drauf einen so frohen Morgen erleben würde. Ich erschrack über die mir so angenehme Zeitung eben so sehr, als man sonst über eine traurige Begebenheit erschrecken kann, bald aber empfand ich das vollkommenste Vergnügen, welches unter uns allen gemein ward. Mein Bruder hat sich vorgenommen Ihnen dieses recht lebhaft zu schildern; ob es ihm gelingen wird, steht dahin. Mein ganzes Herz ist voll Freude, erst über die Erfüllung unserer Wünsche, und denn auch, daß man Ihren Verdiensten an eben dem Orte, wo man so wenig darzu geneigt zu seyn schien, endlich hat Gerechtigkeit wiederfahren lassen. Ich schätze den Mann unendlich hoch, der es gewagt, Ihre Talente, Ihren Eifer und die Vorzüge Ihres redlichen

Zwey und dreyßigster Brief.

lichen Herzens zu unterstützen und zu belohnen. Hier könnte ich noch viel sagen, wenn Sie es nicht wären, mein bester Freund! würde ich aber nicht partheyisch scheinen, wenn ich aus der Fülle meines Herzens redete? Sie wünschen dasselbe ohne allen Anstrich, ohne Verstellung zu sehen. Ich zeige es Ihnen so wie es ist, voller Freude und Vergnügen über Ihre Beförderung; seine reinste und vollkommenste Zufriedenheit wird es nur in Ihrem Wohl suchen und finden. Das Bild des Glücks, welches die Welt unter seinen Füssen liegen hat, scheint mir weit unter einer durch die Tugend über ihre Feinde siegenden Seele zu seyn. Genüßen Sie dieses Sieges, bester Freund! aber denken Sie auch in ihren zufriedenen Stunden oft an Ihre

Kulmus.

Drey und dreyßigster Brief.
An eben Denselben.

Danzig den 26. Jan. 1734.

Hochzuehrender Herr,

Sie verlangen Nachricht von dem Zustand meines Gemüths. Ich eile Ihnen zu sagen, mein bester Freund, daß ich noch immer nicht ganz beruhiget bin, und es auch nicht eher seyn werde, bis ich weis, ob alle Ihre Geschäfte in Dresden glücklich geendiget sind. In den Augenblicken, da ich mein letztes Schreiben abfaßte, hatte sich die Freude meiner ganzen Seele bemeistert, und alle meine Hoffnung schien erfüllt zu seyn. Kaum aber war mein Brief abgegangen, so stellten sich hundert mögliche Hindernisse meinem Gemüthe vor. Glauben Sie, bester Freund, wer schon oft die Abwechselungen des Schicksals erfahren, der ist so schüchtern, so ängst=

Drey und dreyßigster Brief.

ängstlich, daß der glücklichste Zufall ihn nicht ganz zufrieden macht. Man fürchtet immer, daß ein neuer Unfall uns drohet. In ähnlichen Umständen befinde ich mich ⸗ ⸗ ⸗

Sie sagen, dieses sey der entscheidende Punct unsers Schicksals und verlangen von mir aufrichtig zu wissen, wie weit die Erfüllung Ihrer Wünsche noch ausgesetzt seyn solle? Ich überlasse Ihnen dieses einzig und allein, und ich habe keinen Willen als den Ihrigen, Ihre Bestimmung soll meine Vorschrift seyn. Wie lange habe ich diesen Zeitpunct mit Gelassen= heit erwartet? Sollte ich jetzt ungeduldig wer= den, da das Schicksal versöhnt scheint, und die Zeit unserer Verbindung näher kömmt? Nein, bester Freund, diesen Fehler sollen Sie nicht an mir tadeln.

Ihr poetisches Meisterstück ist schön. Es hätte einen hohen Preis verdient, wo anders eine größere Belohnung seyn kann, als das Lob und der Beyfall so vieler scharfsinnigen

Drey und dreyßigster Brief.

Kenner. Die Reisen des Cyrus (Les voyages de Cyrus) gefallen mir sehr. Ich wünschte, daß dieses Buch allgemeiner, und der Jugend zu lesen empfohlen würde, um sich darnach zu bilden. Leben Sie recht wohl, bester Freund! Ich wünsche Ihnen viel Gesundheit zu denen Verrichtungen, die mit Ihrer neuen Würde verbunden sind. Erinnern Sie sich aber auch bey allen Ihren Geschäften, Ihrer

Kulmus.

Vier und dreyßigster Brief.

An eben Denselben.

Danzig den 3. Februar. 1734.

Bester Freund,

Ihr Stillschweigen auf meine beyden letzten Briefe fieng mich schon an zu beunruhigen. Auf einmal machen Sie mir eine doppelte Freude. Ihre Geschäfte sind also glücklich geendiget, und meine Wünsche erfüllt. Ich zweifle nicht, daß Ihre Neider sich bey dieser Gelegenheit noch zuletzt werden gereget haben. Wir wollen ihnen diese traurige Freude nicht mißgönnen. Die unsrige ist gegründeter und verspricht glücklichere Folgen. Ihren Freunden bin ich vielen Dank schuldig, daß sie bey diesem erfreulichen Zufalle Ihnen mein Andenken erneuern, und mich nicht unwerth schätzen, Theil an Ihrem Glücke zu nehmen. Hier bemühet sich jeder, der mich sieht,

Vier und dreyßigster Brief.

von meinen Gesichtszügen auf die innern Bewegungen meiner Seele zu schlüssen: Ob das Glück mich eines Freundes berauben werde, den mir so manche Widerwärtigkeiten zu entziehen nicht vermögend gewesen? Die meisten wünschen mir Glück zu Ihrer neuen Würde, und vermuthen nicht ohne Grund, daß ich viel Theil an Ihrer Wohlfahrt nehme. Die Veränderung meiner Gesichtsfarbe verräth bey dieser Gelegenheit alles, was in meinem Herzen vorgeht. Diese entdeckt Ihre Wahl und meine Neigung, die mir bey allen Vernünftigen Beyfall und Ehre bringen, und künftig mein ganzes Glück ausmachen werden.

Die Meynung Ihres sehr würdgen Vaters ist viel zu vortheilhaft für mich, als daß sie mich nicht ausnehmend erfreuen sollte. Wer ist wohl fähiger, Ihren Werth und Ihre Verdienste besser einzusehen, als derjenige, welcher den ersten Grund darzu zu legen so glücklich bemühet gewesen? Hält dieser mich nun Ihrer Wahl

nicht

Vier und dreyßigster Brief.

nicht ganz unwerth, so bin ich beruhiget. Sein Beyfall wird mir der stärkste Antrieb seyn, solchen immer mehr zu verdienen.

Die Vollziehung unsers Bündnisses überlasse ich Ihnen, liebster Freund, und meiner Mutter. Sie haben ihre Einwilligung und ihren Segen, beydes war zu unserer künftigen Glückseligkeit unumgänglich nothwendig. Ich ertheile Ihnen hierdurch ebenfalls mein freudiges Jawort. Die von Ihnen selbst erwählte Mittelsperson wird Ihnen dieses schon gemeldet haben; ich glaube aber, daß es Ihnen noch lieber seyn wird, solches von meiner eigenen Hand zu lesen. Jenes ist ein Zoll, den man nach der Gewohnheit bringen muß, denn mein Herz ist Ihnen schon längst eigen. Möchte doch dieses Geschenk Ihnen nach vielen Jahren so viel Freude machen, als es Sie in den ersten Augenblicken entzückte! Es gehöret dieser Wunsch unter die wenigen, um deren Erfüllung ich die Vorsehung bitte. Meine Gesinnungen soll keine Zeit, kein

Zufall

Zufall verändern: so lange ich lebe, und noch jenseit des Grabes werde ich Ihnen ganz eigen seyn.

Kulmus.

Fünf und dreyßigster Brief.
An eben Denselben.

Danzig den 17. Febr. 1734,

Allerbester Freund,

Ich erfülle Ihr Verlangen und sende Ihnen mein Bild.

Blickt Treu und Zärtlichkeit hier nicht aus
     allen Zügen;
Der einzge Werth, der mich dir einst
     empfahl:
So strafe die Copey nur Lügen,
Und glaube dem Original.

Ich fürchte, die bevorstehenden Kriegsunruhen möchten mich vielleicht verhindern, so oft als sonst

Fünf und dreyßigster Brief.

sonst zu schreiben, destomehr aber werde ich an Sie denken und nur für Sie zu leben wünschen. Mein Bild soll mir bey dieser Gelegenheit den Dienst thun und Sie oft meiner erinnern; in dieser Absicht habe ich Ihnen meinen Schatten nicht eher als jetzt überschicken wollen.

Bey allen Veränderungen, die sich auf dem Erdkreyß ereignen könnten, werde ich stets als Ihre treuste Freundin leben und sterben.

Kulmus.

Sechs und dreyßigster Brief.
An eben Denselben.

Danzig den 13. März 1734.

Bester Freund,

Ich habe nicht gezweifelt, daß mein Bild würde gut aufgenommen werden. Ich danke Ihnen für alle Schmeicheleyen, die Sie mir darüber sagen. Ich erfahre täglich, daß die Posten zwar noch sicher, aber langsamer, als gewöhnlich gehen, und wir sehen uns beyderseits genöthiget, uns mit viel Gedult auszurüsten. Unser Zustand ist, Gott Lob! noch erträglich. Was aber die Umstände unserer guten Stadt betrift: so verzeyhen Sie mir, wenn ich Ihnen hiervon nichts ausführliches, nichts besonders, und nichts zuversichtliches schreibe, da dieses bey jetziger Lage der Sachen zu gefährlich ist. Daß die Rußische Armee so nahe vor unserer

Sechs und dreyßigster Brief.

unserer Stadt liegt, als es mir möglich ist, und daß nichts fehlt, als solche einzunehmen; dieses ist richtig. Daß die vier Generale, Lascy, Biron, Libensky und Lion, worzu noch der General von Münnich gekommen seyn soll, nichts unterlassen werden, zu ihrem Zwecke zu gelangen, daran ist kein Zweifel. Daß aber auch in unserer Stadt alle nur mögliche und nützliche Anstalten, so vorsichtig als schleunig, gemacht worden; daß es uns noch an keiner Gattung von Lebensmitteln fehlet; daß die Thore bisher noch nicht geschlossen sind; daß in dreyen Wochen, da der General Lascy schon hier ist, außer den kleinen Scharmützeln, die zwischen den Cosacken und unsern Vorposten vorgefallen, doch noch keine förmliche Attaque geschehen ist, dieses können Sie sicher glauben: Die Vorstädte sind noch nicht abgebrannt, und wenn es ja geschehen sollte, so wird die Garnison aus der Stadt solche selber anzünden, damit die Flamme der letztern keinen Schaden

zufü=

Sechs und dreyßigster Brief.

zufügen könne. Eins bitte ich: glauben Sie ja nicht allen Zeitungen, die Ihnen aus dieser Gegend zu Ohren kommen werden. Wir selbst zweifeln hier an vielen, was gesagt wird. Die Rußische, Französische, und Schwedische Flotte sind, dem Gerüchte nach, schon so oft in unserm Hafen gewesen, daß es ein Wunder ist, warum noch kein einzig Schiff sichtbar geworden. Tausend anderer Erdichtungen zu geschweigen, die man in unsern Mauern einander selbst aufbürdet. Wir sind also bisher noch in keiner großen Gefahr gewesen; allein es ist auch noch nicht ausgemacht, was uns noch begegnen kann; wir fürchten nicht alles, womit uns von unsern Nachbarn gedrohet wird, und hoffen noch immer das Beste. Jetzt dürfen Sie noch nicht besorgt seyn, daß ich in Rußische Hände gerathen bin, aber beten Sie, mein bester Freund, daß es nicht in der Folge geschiehet.

Meine, oder vielmehr unsere gute Mutter, (denn Sie gehöret nunmehro Ihnen, sowohl als

Sieben und dreyßigster Brief.

als mir,) empfiehlt sich Ihnen. Sie hat Ihnen den 10. März geschrieben und erwartet nunmehro Ihre Antwort. Ich, die ich mich Ihnen schon so oft empfohlen, empfehle mich Ihnen aufs neue, und versichere, daß ich, trotz allen Begebenheiten, und noch später als bis zur letzten Bombe, niemals aufhören werde Ihnen ganz eigen zu seyn

Kulmus.

Sieben und dreyßigster Brief.

An eben Denselben.

Danzig den 8. April 1734.

Bester Freund,

Ihr letzter Brief ist voller Unwillen, daß unsre Verbindung so lange aufgeschoben worden, bis sich nunmehro neuere Hindernisse gefunden, die solche noch länger verzögern würden. Ich antworte Ihnen darauf, daß man alles dieses

nicht

nicht vorher gesehen oder vermuthet hat. Die Hauptsache stieß sich an kleine Nebenumstände, die nicht sogleich gehoben werden konnten, und jetzt ist nichts übrig, als das Ende unsrer Unruhen in Gedult zu erwarten. Ich bin in der Lehre Ihrer Weltweisheit bis auf die göttlichen Eigenschaften gekommen.

Im 1122. §. von der Gerechtigkeit Gottes, sagen Sie: „Gott theilet nach seiner Güte „zwar alles Gute unter seine Geschöpfe aus, „sie, seiner Absicht nach, vollkommner zu „machen; doch thut er solches nach seiner Weis= „heit. Diese sieht aber in jedem Falle, was „für Mittel sich zu Erlangung der Absichten „und des Hauptzwecks am besten schicken. Nun „giebt auch die Entziehung gewisser Güter zu= „weilen ein Mittel ab, die vernünftigen Ge= „schöpfe zu etwas Guten zu lenken; und Gott „bedienet sich zuweilen dieses Mittels, dieselben „vollkommner zu machen, ꝛc.

Diese

Sieben und dreyßigster Brief.

Diese Betrachtung hat mich ungemein beruhiget. Lassen Sie uns die Absichten Gottes verehren; der alles soweit zu Stande gebracht; „der vermöge seiner Güte an alle dem ein Wohl-„gefallen hat, was zum Besten der ganzen „Welt und ihrer Theile gereichet rc." Der wird auch, zu seiner Zeit und Stunde, seiner Geschöpfe ihr Bestes befördern, und das beendigen helfen, was seine Weisheit angefangen und seine Güte bisher unterhalten hat. Sehn Sie mein philosophischer Freund, wie ich Ihren theoretischen Theil schon praktisch anzuwenden weis? Sie sehen, daß ich mit Nutzen Ihre Schriften lese, eine Sache, die mir nicht bey allen Schriftstellern wiederfährt. Sie besitzen die Kunst, alle meine Aufmerksamkeit an sich zu ziehen. Leben Sie wohl, Sie sind ruhiger als wir, an Gedult und Hoffnung aber soll niemand übertreffen Ihre gelassene

Kulmus.

Acht

Acht und dreyßigster Brief.
An eben Denselben.

Danzig den 20. März 1734.

Mein einziger Freund,

Ich glaube es Ihnen, daß Sie bey Verzögerung meiner Antworten vielerley Kummer haben, und ich kann Sie unmöglich mit ruhigem Gemüthe länger darinnen wissen. Ich eile also Ihnen zu sagen, daß wir noch zwischen Furcht und Hoffnung leben, daß wir noch nicht überwunden, noch von aller Gefahr nicht ganz frey sind. Wir sind eingeschlossen und müssen unser Schicksal in Gedult erwarten. Wie kömmt es wohl, daß mir seit wenig Monaten alles viel erträglicher als sonst ist? Ich finde so viel Erleichterung in allen Plagen, wenn ich sie nur Ihnen erzehlen kann, daß ich keine einzige weniger zu haben wünsche, weil ich alsdenn schon einen Theil Ihres Mitleidens verlieren möchte.

Acht und dreyßigster Brief.

möchte. Die Rede, welche der Hr. Professor May ins Deutsche übersetzet hat, ist ein vortrefliches Stück. Man kann nichts schöners, gründlichers und beredters lesen. Wenn doch diese Uebersetzung in Deutschland ausrichtete, was sie in Frankreich in Vorschlag gebracht hat *).

Welchen Anschlag haben Sie auf meine Briefe gemacht? Es ist am besten, daß diese ganz im Verborgenen bleiben. Ich habe keinen Roman schreiben wollen. Tugend und Aufrichtigkeit sind die Richtschnur meiner Handlungen und meiner Gesinnungen von je her gewesen; diese sollen auch immer meine Führerinn bleiben. Von ihnen geleitet, will ich die Bahn meines Lebens muthig durchwandeln. Aus der Fülle meines Herzens habe ich geschrieben, und wem die Art unserer Freundschaft nicht gefällt, der wird an diesen Briefen viel zu tadeln finden.

Nur

*) Es war die Rede des P. Borée, von den Schauspielen.

Nur wenig Leser würden ihnen Beyfall geben. Ein falscher Anstrich, ausgesuchte, nichtsbedeutende Worte sind der Mode Styl; diesen werde ich niemals nachahmen, und wenn Sie nur mit meinen Briefen zufrieden sind, so mögen solche der ganzen Welt unbekannt bleiben. Sie fragen, was ich übersetze? Viel, sehr viel, mein bester Freund. Zuerst nenne ich Ihnen: Le triomphe de l'éloquence de Madame Gometz. Ehe aber alles zu Stande kommt, habe ich Sie noch viel zu fragen. Sobald die Posten sicherer gehen, werde ich den Anfang machen. Jetzt wünsche ich nur, daß dieses Blatt schleuniger in Ihre Hände komme als die vorigen, damit Sie, sobald als möglich, erfahren, daß ich nur für Sie zu leben wünsche und ganz die Ihrige bin

Kulmus.

Ihr Brief vom 12. März ist mir auf eine besondere Art zugestellt worden. Das ganze feindliche

liche Lager hat ihn gelesen. Möchten doch diese unsere Feinde andere Gesinnungen daraus lernen. Leben Sie wohl, und ruhiger als wir,

Neun und dreyßigster Brief.
An eben Denselben.

Danzig den 5. Junius 1734.

Mein einziger Freund,

Wo soll ich anfangen, Ihnen beym Abgang der ersten Post, die man für sicher hält, alles das zu erzählen, was mir seit dem 16. April begegnet ist? Allen Verlust, den ich erlitten, und allen Schmerz, den ich darüber empfinde? Meine beste Mutter ist nicht mehr. Die Führerin meiner Jugend, die Mutter, die mir jederzeit mehr mit der Zärtlichkeit einer vertrauten Freundin, als mit der Strenge einer so nahen Blutsverwandtin begegnete, die habe ich

Neun und dreyßigster Brief.

verloren, und mit ihr alles, alles, was mir die jetzigen Umstände erträglich machen könnte. Beklagen Sie mich, mein bester Freund; theilen Sie meinen Schmerz mit mir; helfen Sie mir die beste Mutter betrauren, die Ihnen Ihren Segen zurück gelassen! Auf diese Weise werde ich einige Linderung finden, die ich bisher vergebens gesucht habe.

Ich will Ihnen die letzten Tage der Verstorbenen erzählen, denn in ihren letzten Stunden bin ich selbst am Rande des Grabes gewesen. Es hätte nicht viel gefehlt, so hätten Sie auch mich, und in mir Ihre treuste Freundin verloren. Den Anfang der Krankheiten in unserm Hause machte ich, und meine Schwester. Es befielen uns die Masern, die den ganzen Winter in Danzig gewütet hatten. Ich bekam noch ein heftiges Fieber und einen starken Ausschlag, so daß mein Leben einige Tage in Gefahr war. Es besserte sich gegen den ersten May. Wir erhielten diesen Tag die Nachricht,

daß

Neun und dreyßigster Brief.

daß der Generalfeldmarschall Münnich grobes Geschütz erhalten, und die Stadt bombardiren würde. Es war nicht rathsam in unserm Hause zu bleiben, und mein Vetter suchte uns irgendswo in Sicherheit zu bringen. Er erfuhr, daß der Graf Münnich den hier residirenden Holländischen Commissarius, Hrn. von Bleyswick, hatte sagen lassen, die Holländischen Schiffe sollten sich alle an einem Ort versammlen, daß er sie verschonen könnte. Diese nun hatten sich an die Brabank geleget. Mein Vetter, der einen Schiffer daselbst kannte, besprach sogleich ein Zimmer für uns, und bat, uns nicht lange zu verweilen. Meine Mutter, die nunmehro bettlägerig war, befand sich nicht im Stande, sich auf den Weg zu ihrer Sicherheit zu begeben, sie verlangte, daß wir voraus gehen sollten. Den andern Tag wurde sie in einer Sänfte nachgebracht, und ihr Zustand verschlimmerte sich jede Stunde. Den folgenden Morgen verkündigte sie mir ihren nahen Tod, nahm Abschied von mir

mir, und diese rührende Scene machte meinen noch ohnedem entkräfteten Körper vollends mürbe. Und ach Gott! was empfand meine Seele? Sie wurde von Gram und Schmerz ganz zu Boden geschlagen, und meine Thränen matteten mich so ab, daß ich wieder das Bette hüten muſte.

Den 10. May gefiel es Gott, diese meine ewig geliebte Mutter alles Leidens zu befreyen, und ihr in jenem Leben die Crone zu ertheilen, wornach sie hier so sehnlich gerungen hat. Ihre letzten Augenblicke sollen, wie man mir berichtet, ruhig, und ihr Tod sanft gewesen seyn. Ich sage, wie man mir berichtet; denn die zwey letzten Tage ihres Lebens war ich mir selbst ganz unbewuſt. In den Stunden, da meine Krankheit aufs höchste gestiegen war, und so zu sagen, Tod und Leben mit einander kämpften, war ich mit lauter Sterbensgedanken beschäftiget. Ich lag, und erwartete meine Auflösung im Stillen. In diesen Augenblicken fielen Sie,

mein

Neun und dreyßigster Brief. 107

mein bester Freund, mir ein, und mein Herz wurde bey dieser Erinnerung noch beklemmter. Ich bat Gott sehnlich und mit Thränen, er möchte Ihnen wieder eine Braut zuführen, welche, wo es möglich, Sie so zärtlich liebte als ich, und alle Glücksgüter besäße, die Sie verdienen, und mir mangeln. Ich erinnerte mich unter meinen wenigen Juwelen eines Ringes, den ich Ihnen, zum Andenken unserer reinen Liebe, übersandt wissen wollte. Dieses unterbrach mein Stillschweigen. Ich rief meinen Bruder, gab ihm diesen Auftrag als die letzte Bitte einer sterbenden Schwester, und nahm von den Anwesenden Abschied. Alle waren bestürzt, und in dieser Bestürzung ließ man mir noch eine Ader öffnen. Dieser Aderlaß that die schleunigste Wirkung, meine Seitenstiche verschwanden, und ließen mir nur eine unbeschreibliche Mattigkeit zurück. Ich erwartete immer noch den Tod, und wünschte von meiner geliebten Mutter auch im Sterben nicht

nicht getrennt zu seyn, aber jetzt muste ich diese Trennung erfahren. Mein blutendes Herz seufzte mit leiser Stimme, was ich sonst oft so freudig ausgerufen hatte: Herr, dein Wille geschehe! Aber bald wird dieses Herz sich unter die Hand des Allmächtigen beugen, und dadurch die Ruhe finden, die ich bisher verloren gehabt. Das ganze Haus kömmt mir als eine Wüste vor, weil ich diejenige nicht mehr finde, die ich darinnen über alles schätzte.

Der Abschied dieser sterbenden Mutter wird sich nie aus meinem Gedächtniß verlieren. Noch jetzt fließen Zähren, gerechte Zähren, die ich ihrem Andenken weyhe. Sie rief mich zwey Tage vor ihrem Ende zu sich; „Mein Kind, „sagte sie: ich gehe zum Vater; Gute Nacht! „aber nicht auf ewig. Dort wollen wir uns „wieder sehen, und denn soll unsere Vereinigung „ungetrennt und vollkommen seyn. Ich lasse „dich in einer Welt, darinnen die Gottlosigkeit „aufs höchste gestiegen, und ich danke Gott,

„daß

Neun und dreyßigster Brief.

„daß er mich dir bis jetzt erhalten, da du hof-
„fentlich das Böse von dem Guten zu unterschei-
„den weißt. Hasse das erste und hange dem letz-
„ten an, weiche nie von der Bahn der Tugend.
„Treue Arbeit bringt herrlichen Lohn. Lebe wohl,
„mein Kind! Sey getreu, Gott und deinem Ge-
„liebten! Liebe Gott über alles, und zuerst,
„deinen Freund als dich selbst, so wird er euch
„segnen. Gott bringe euch bald zusammen,
„und sey euch gnädig. Ich habe das Vertrauen
„zu deinem Freunde, er werde dich künftig so
„weislich und liebreich führen, als er dein Herz
„mit Klugheit und Redlichkeit gelenket hat. Ich
„freue mich, ihm noch, ehe ich sterbe, meinen
„Segen und meine Einwilligung ertheilt zu
„haben. Vergiß mich nicht, mein Kind! so
„lange du lebest, und verlaß Gott und die Tu-
„gend nimmermehr." Hierauf ertheilte sie mir
den Segen, und noch einige Befehle, die ich nach
ihrem Tode ausrichten sollte. = = = In Thränen fast zerfließend verließ ich ihr Bette, und
habe

habe diese rechtschaffene Mutter nicht mehr gesehen.

Nur die Hoffnung, in Ihnen den redlichsten, besten, treusten Freund zu besitzen, kann mich einigermaßen über meinen Verlust trösten. Unter den schmerzlichsten Empfindungen ist mein Brief länger gerathen, als ich gedacht. Ich habe unter diesen Klagen meinem Herzen Luft geschafft, und ich erfahre den Trost, daß ich einem Freund meinen geheimen Gram entdecken kann. Ich weis, Sie haben Mitleiden mit Ihrer

Kulmus.

Vierzigster Brief.

An eben Denselben.

Danzig den 9. Julii 1734.

Mein einziger Freund,

Jede Gelegenheit ist mir angenehm, durch welche ich Ihnen Nachricht von mir geben, und Nachricht von Ihnen erhalten kann. Schreiben Sie mir also immer auf geradewohl. Sagen Sie mir in Ihren Briefen, wie Plinius verlangt, nur mit wenig Worten: „Ich lebe, „und bin gesund." Die Hoffnung, diesen oder jenen Tag einen Brief von Ihnen zu erhalten, ist schon tröstlich; denn die sichere Ungewißheit über Ihr Schicksal ist mir ganz unerträglich. O! möchten doch die jetzigen stürmischen Zeiten durch einen baldigen Frieden wieder ruhig werden! Möchte doch das menschliche, das mitleidige Herz der Monarchen, durch die Vorstellung

stellung eines blutigen Krieges, erweichet werden! Möchten diese doch, um so vieler unschuldiger Seelen willen, (die nur allzu oft das Schlachtopfer des Krieges werden) einen Frieden eingehen, ehe durch die strenge Ausübung ihrer Befehle, Länder und Völker verarmten, und aufgerieben würden.

Ich läugne nicht, daß ich um mein selbst willen mit doppeltem Eifer den Frieden wünsche. Wenn aber mit dem eigenen Besten auch die Beförderung des allgemeinen Wohls sich verbindet, ist es alsdenn nicht erlaubt, doppelte Wünsche dafür zu thun? = = Ich erwarte mit Sehnsucht ein Schreiben von Ihnen, und Nachricht, was Sie in Ihren Gegenden zu fürchten oder zu hoffen haben. Unter der Regierung eines Augusts müsse Sachsen von keiner Unruhe bestürmt werden. Gestern, den 8. Julius, ist den Sächsischen Völkern das Olivische Thor eingeräumt worden, nachdem am 24. Junii die Weichselmünde capituliret,

und

Ein und vierzigster Brief.

und Sächsische Trouppen eingenommen hatte. Leben Sie wohl, mein bester Freund! Es mag nun gehen wie es will, ich bleibe doch ewig die Ihrige

Kulmus.

Ein und vierzigster Brief.
An eben Denselben.

Danzig den 4 Aug. 1734.

Mein theurer Freund,

Wie geht es Ihnen? Leben Sie noch ruhig, oder sind alle die fürchterlichen Nachrichten, so man uns aus Sachsen erzählet, gegründet? Keine derselben will ich wiederholen, sie sind mir ängstlich zu hören gewesen, warum sollte ich mich bey ihrer schriftlichen Wiederholung aufs neue beunruhigen? Die schleunige Abreise des Königs nach Dreßden bestärkte uns in der Meynung, daß es gefährlich in Sachsen aussehen müsse

müsse. Mit tausend Wünschen für die Wohlfarth seines treuen Landes habe ich diesen Monarchen begleitet. Ihr letzteres Schreiben brachte mir den Trost, daß meine Besorgnisse nicht ganz gegründet wären. Gott lasse es nie so weit kommen. Ich wünsche Ihren guten Mitbürgern, welche ich mit den meinigen in gleichem Grad hochschätze, eine dauerhafte, von denen Gefahren des Kriegs nie gestörte Ruhe. Sie fragen mich wegen Ihrer zu unternehmenden Reise nach Danzig; Allein meinen Einsichten nach, kann die Hauptabsicht derselben auf dieses Jahr nicht erreichet werden. Die Belagerung hat dem hiesigen Magistrat so viel überhäufte verdrüßliche Geschäffte aufgebürdet, und zurückgelassen, daß gegenwärtig einheimische Gerichtssachen gar nicht vorgenommen werden können. Gleichwohl muß ich meine Vermögensumstände zuförderst in Ordnung bringen, weil von selbigen unsere künftige Einrichtung abhängt. Meine Trauer ist noch sehr tief;

Ein und vierzigster Brief.

tief; ich trage ein ordentliches Wittwenkleid. Nach der hiesigen Verfassung kann ich solche im geringsten nicht ändern, bis ein volles Jahr nach meiner Mutter Tod verflossen ist; und wie gerecht ist diese geringste Pflicht eines Kindes, das seine Mutter nie genung betrauern kann! Würde sich also wohl ein thränendes Auge, ein blutendes Herz, und ein Brautkleid zusammenschicken?

Endlich muß ich Ihnen noch sagen, daß ich meine Gesundheit noch nicht für stark und wiederhergestellet genug halte, um eine weite Reise unternehmen zu können. Gott habe ich Ursache zu danken, daß ich von einer so schweren Krankheit in so weit genesen bin, allein ich möchte auch nicht gerne mich neuen, und allemal gefährlichern Rückfällen, durch eigne Schuld aussetzen, und Ihnen dadurch die Reise mit beschwerlich machen. Sie sind allemal mein erstes Augenmerk, und ich rechne die Ihnen daraus unfehlbar zuwachsende Unruhe höher,

als

als meine eigenen Unbequemlichkeiten seyn würden.

Dieses sind die Schwierigkeiten, welche meine Vernunft der Vollziehung unserer Heyrath auf dieses Jahr entgegen setzet. Mein Herz hingegen findet gar keine, und dieses wird alles möglich zu machen suchen, was schwer und unbequem zu seyn scheinet. Ich erwarte Ihre Meynung, und Ihren Willen, den ich dem meinigen ganz unterwerfe; denn für mich will ich keinen behalten, als nur Ihnen bis ins Grab eigen zu seyn.

Kulmus.

Zwey und vierzigster Brief.

An eben Denselben.

Danzig den 8. August 1734.

Mein bester Freund,

Ihr letzter Brief vom 19. Julii hat mich sehr gerühret. Sie sagen mir, daß die Religion uns in solchen Gefahren, welchen ich sowohl am Leibe als Gemüthe ausgesetzt gewesen, die beste Hülfe erzeigte. Sie führen mir die stärksten Gründe aus derselben zu meinem Troste an, und diese richten mich ungemein auf. Eben da ich dieses Schreiben erhielt, las ich den vortreflichen Abbadie und seine Wahrheiten der christlichen Religion. Ich finde dieses Buch so schön, daß ich Ihnen eine ganze Stelle daraus hersetzen will. Er sagt:

„Die Religion zeiget uns alle Sachen in „einer Gestalt, unter welcher sie uns vorher

„niemals erschienen waren. Sie macht, daß
„wir unsere Krankheit gedultig ertragen, indem
„sie uns ihren Endzweck und Ursprung ent=
„decket. Sie tröstet uns bey unvermutheten
„Unglücksfällen damit, daß sie uns überführt,
„daß nichts ohne göttliche Zulassung geschehen
„könne, welche allemal alles zu unserm Besten
„wendet. Sie bemüthiget uns im Glück, und
„unterstützet uns im Unglück. Sie befreyet un=
„ser Gemüthe von aller Quaal und Unruhe, in=
„dem sie die Heftigkeit seiner Bewegung mäßi=
„get. Sie stärket uns wider die Schrecken des
„Todes, und zeigt uns ihn als einen Uebergang
„zu einem bessern Leben. Sie tröstet unser Ge=
„wissen durch ihre Verheißungen. Sie beglei=
„tet uns in allen Gefahren, um uns Muth ein=
„zusprechen; in der Einsamkeit, um uns vor
„der Traurigkeit zu beschützen, die bey der Be=
„trachtung unsers Wesens, und deß, was wir
„werden sollen, uns befallen könnte. Am herr=
„lichsten zeigt sie sich auf dem Sterbebette, wo
„sie

Zwey und vierzigster Brief.

„sie anfängt unser Alles zu werden. Hier,
„wo die Bezauberung der Sinnen aufhört, und
„der Schauplatz der Welt mit allen seinem Reitz
„verschwindet.

Eben dieses las ich, als ich Ihr Trostschreiben erbrach. Meine Seele empfand alles, was Sie mir mit der Ihnen ganz eignen Beredsamkeit über das Absterben meiner Mutter, über die ausgestandene Gefahr des Krieges, über meine eigne harte Krankheit sagten, mit doppelter Rührung. Lange konnte ich die Bewegung meines Gemüths, die diese Empfindungen in mir erregten, nicht stillen. Ja, bester Freund! ich habe den Beystand der Religion erfahren. Die Lehren meiner sterbenden Mutter habe ich durch das feste Vertrauen auf die Hülfe des Herrn erfüllet. In diesen Gesinnungen wünsche ich bis an mein Ende zu beharren, und durch Sie hoffe ich immer mehr darinnen bestärkt zu werden.

Leben Sie wohl, mein tugendhafter Freund! Ich werde auch Ihre Lehren befolgen, die so nützlich, so vortreflich sind, und nie aufhören Ihnen dafür zu danken.

Kulmus.

Drey und vierzigster Brief.
An eben Denselben.

Danzig den 21. Aug. 1734.

Mein erzürnter Freund!

Diesen Augenblick erhalte ich ein Schreiben von Ihnen, worüber ich ungemein bestürzt bin. Scherz und Ernst, Liebe und Kaltsinn finde ich darinnen so künstlich vermischt, daß ich nicht weis, was ich denken soll. Nichts als die unvermeidlichen Umstände, die mich länger, als ich wünsche, hier aufhalten, sind die Ursache Ihres Unwillens. Ich bin bereit, Ihnen alle Vortheile aufzuopfern, und nichts, es mag so wichtig

Drey und vierzigster Brief.

tig seyn als es will, soll mich abhalten, Ihr Verlangen buchstäblich zu erfüllen. Aber wie können Sie mein Herz so empfindlich angreifen, und es beschuldigen, daß ihm der Aufschub, den die Umstände erfordern, lieb wäre? Wie beleidigend wäre dieser Verdacht, wenn ich Ihren Eifer nicht für eine zärtliche Ungedult ansähe, die so schmeichelhaft für mich ist. Ist es denn meine Schuld, daß das Schicksal gleich im Anfange unserer Bekanntschaft so viel Hindernisse ihrem Fortgange im Weg gelegt, zu deren Ueberwindung Zeit, und viel, viel Gedult erfordert wurde? Verschonen Sie mich, bester Freund, mit dem Vorwurf des Kaltsinns, oder lehren Sie mich die Kunst, ihn mit Gelassenheit zu ertragen.

Die zwey Gedichte, so Sie während unserer Belagerung verfertiget, sind schön. Ich danke Ihrer Muse für den Dienst, den Sie mir bey dieser Gelegenheit geleistet, und für alles Zärtliche, was Sie Ihnen eingegeben hat. Es ist kein

Drey und vierzigster Brief.

kein größerer Trost in Widerwärtigkeiten, als einen Freund zu finden, der Theil an unserm Schicksal nimmt.

Ich bin jetzt mit einem Risse beschäftiget, den meine Wißbegierde nachzumachen versuchet hat. Es ist mir mit Hülfe eines guten Reißzeuges gelungen, und ich habe mir ganz unvermuthet einen Feind dadurch gemacht, weil ich als ein Frauenzimmer etwas unternommen, was nur für Gelehrte und Künstler gehöret. Es schadet nichts, endlich wird man mir diese Beleidigung vergeben.

Doch was schreibe ich Ihnen für unnützes Zeug? Es ist ein Beweis meiner Ueberwindung bey Ihrem eifrigen Brief. Wenn dieses nicht wäre, würde ich um Verzeihung bitten. Jetzt ist es an Ihnen, mein bester Freund! mir Ihren übereilten Eifer schön abzubitten. Ich werde Ihnen sobann herzlich und aufrichtig vergeben, und nach geschehener Versöhnung mit doppelter Freundschaft, Zärtlichkeit, und wie

Sie

Sie diese Neigung weiter nennen wollen,
Ihnen ganz ergeben seyn

Kulmus.

Vier und vierzigster Brief.
An eben Denselben.

Danzig den 30. Aug. 1734.

Mein bester Freund!

Sie sind an dem Inhalt meiner Klagelieder selbst Schuld. Künftig bitte ich, mich nicht mehr eines Kaltsinns zu beschuldigen. Diesen Angriff auf mein Herz kann ich unmöglich aushalten. Wie ist es möglich, daß diese ungerechten Vorwürfe mit Ihrer Freundschaft und Billigkeit zusammen stimmen können? Ich freue mich von Herzen, daß Ihnen meine Aufrichtigkeit, in Ansehung meiner Vermögensumstände, gefallen hat. Konnte ich wohl daran zweifeln, da Sie eben so aufrichtig gegen mich handeln?
Was

Vier und vierzigster Brief.

Was würden wir auch beyderseits dabey gewinnen, wenn wir uns verstellten, und unsern Gesinnungen und Handlungen einen falschen Anstrich gäben? Endlich würde sich die Wahrheit entdecken, und wir würden beklagen und zu spät bereuen, daß wir uns hintergangen hätten. Nein, bester Freund! Sie sollen mich niemals einer Falschheit beschuldigen können. Mein Herz hat sich Ihnen gleich im Anfang gezeigt, wie es immer seyn wird und seyn soll. Ich finde nichts unangenehmer in der menschlichen Gesellschaft, als wenn Freunde, immer versteckt für einander, in einem heimlichen Mißtrauen leben; und ich halte diese Verstellung für die Hauptursache vieler unglücklichen Ehen. Wie sehr habe ich mich gefreuet, daß, da die Vorsicht uns für einander bestimmt hat, sie mir in Ihnen einen aufrichtigen Freund gezeiget, mit welchem ich diese mir vorzüglich schätzbare Eigenschaft bis an das Ende meines Lebens ungestört fortzusetzen gedenke.

Les

Vier und vierzigster Brief.

Les bains de Thermopyles habe ich durchgelesen. Melicrite kömmt mir zu mißtrauisch vor, aber ich kann mich irren. Mein jetziger Gemüthszustand erlaubt mir nicht, die Uebersetzung zu unternehmen. Kaum setze ich mich nieder, mich mit einer oder der andern Arbeit zu zerstreuen, so fallen mir alle die Ursachen ein, warum ich Zerstreuung suche. Alle Angst und Gefahr, der ich voriges Jahr ausgesetzt gewesen, der Verlust meiner Mutter, meiner Lehrerin und besten Freundin, alles, alles stellt sich mir so lebhaft vor Augen, daß ich zu allem ungeschickt bin, und träge und traurig meinem ganzen Schicksal nachhänge. Ich habe einen Versuch gewaget, einige Oden aus dem Horaz zu übersetzen. Sobald ich mit abschreiben fertig bin, werde ich Ihnen diese Frucht meiner traurigen Muse zuschicken.

Versichern Sie Ihrem gelehrten Freunde, den Herrn Pr. May, mit aller Beredsamkeit, die seiner würdig, und Ihnen ganz eigen ist,

meinen

Vier und vierzigster Brief.

meinen Dank für die Uebersetzung seines neuen Werks. Ich schließe von der Vortreflichkeit des Originals auf die Uebersetzung. Ich habe ihn jederzeit hochgeschätzt, und er ist mir doppelt werth, wenn ich ihn als den treusten Freund meines geliebten G. betrachte.

Für die Gewährung meiner Bitte in Absicht auf meine Briefe, danke ich Ihnen recht sehr. Die guten Zeilen haben das ihrige gethan; Sie haben Ihnen mein ganzes Herz gezeiget, lassen Sie solche nunmehro vergessen seyn. Wenn sie ganz Deutschland lesen möchte, so würde ich diese Ehre nicht mehr empfinden, als daß sie von Ihnen gelesen worden. Alles, was ich Sie bitte, ist dieses: Verhindern Sie den Druck dieser Briefe, oder verschieben ihn, bis nach meinem Tode *).

Leben

---

*) Diese Besorgung war mir vorbehalten. Wie glücklich, wenn ich meiner Freundin den Beyfall der Leser erworben hätte.

Fünf und vierzigster Brief.

Leben Sie wohl! fahren Sie fort, mein bester Freund zu bleiben, so werde ich die Plagen dieses Lebens nur halb fühlen. Schreibe ich nicht sehr lange Briefe? und heißt dieses nicht buchstäblich, daß ich Ihre gehorsame Dienerin bin?

Kulmus.

Fünf und vierzigster Brief.
An eben Denselben.

Danzig den 4. Septbr. 1734,

Mein aufrichtiger bester Freund,

Ich weis keinen Ausdruck zu finden, Ihnen die Bestürzung zu beschreiben, die mir Ihr letztes Schreiben verursacht hat. Sie erzählen mir darinnen eine Lästerung, die mir an sich selbst nicht empfindlich seyn kann; weil sie gleich andern, die ich bisher erfahren, ganz ohne
Grund

Fünf und vierzigster Brief.

Grund ist. Aber Sie, mein bester Freund, sind dadurch beunruhiget worden, und dieses rührt mich. Ich weiß nicht, warum sich so viel Leute Mühe geben, unsere Freundschaft zu zernichten? Aber das ist gewiß, daß man bey mir eben so sehr daran arbeitet, als bey Ihnen. Ich bin noch im Zweifel, wem ich diesmal für den Stöhrer unserer Ruhe ansehen soll. Es ist mir leid, daß Sie den Brief verbrannt haben, vielleicht hätte man an der Hand den Verläumder errathen. Doch wer schon so boshaft ist, der wird auch die nöthige Behutsamkeit brauchen, die darzu erfordert wird.

Sie, einziger Freund, wissen am besten, daß ich selbst die erste gewesen, die Ihnen alle Umstände meiner Familie entdecket. Meine heimliche Eigenliebe freuet sich recht, durch diese Aufrichtigkeit meinem Feinde zuvorgekommen zu seyn. Vielleicht würden tausend Personen meines Geschlechts mit eben so großer Sorgfalt verborgen haben, was ich Ihnen

alles,

Fünf und vierzigster Brief.

alles, auch das Widrige zu offenbaren, mich bemühet. Dieses macht also den ersten Punct der Verläumdung zu Schanden. Was den zweyten wegen meiner Gesundheit betrifft; so habe ich niemals kränklicher und entstellter ausgesehen, als bey meines Vaters Tode, und 6 Monate hernach. Es war eben um die Zeit, da die Reihe an mir war, eine Probe der Beständigkeit gegen Sie abzulegen. Ich bin standhaft geblieben, ohngeachtet ich von allen Seiten heftig bestürmet wurde. Ich hatte den Tod eines sehr liebreichen Vaters, und eine ganz unvermuthete Zerrüttung unserer Umstände zu bedauren. Nun zitterte ich selbst vor dem Verluste meines besten Freundes. Dieses schlug mich fast darnieder. Damals legte ich den Grund zu meiner letzten Krankheit. Dieses und alles allgemeine Elend sowohl, als der besondre nagende Kummer über den Tod meiner Mutter, hätte mir beynahe das Leben gekostet. Jetzt aber hat ein so heftiges Fieber meinen Körper gerei=

gereiniget, mein Gemüthe ist viel heiterer, und mein Körper viel gesünder als jemals. Vor vier Jahren hätte man Ihnen schreiben sollen, daß ich übel aussähe; da kam ich aber meinen Neidern zuvor. Und warum hätte ich das nicht thun sollen? Sie waren nicht nach Danzig gekommen, schöne Gesichter und schöne Körper zu suchen; diese hatten Sie in Sachsen näher. Oder hätten Sie diese auch hier verlangt, so würde Ihre Wahl nicht auf mich gefallen seyn. Gesetzt auch, daß ich jetzt die Blattern gehabt hätte; gesetzt, daß mich diese sehr übel zugerichtet; so hätte ich Ihrer Standhaftigkeit doch so viel zugetrauet, daß Sie die treue Beschreibung meines narbigen Gesichts ohne widrigen Eindruck würden gelesen haben. Ich glaube, ich hätte die Gruben gezählet, um Ihnen alles genau zu melden. Aber nein, bester Freund! diese Krankheit hat schon im vierten Jahre ihre Wuth an mir ausgeübet. Meine theure Mutter hat mich damals dem Himmel abgedrungen,

weil

Fünf und vierzigster Brief.

weil ich eben sehr krank war. Diese Nachricht ist also jetzo ganz falsch. Mein Gesicht ist noch in eben der Verfassung, als ich Ihnen solches im Februario, durch die Hand eines guten Meisters verfertiget, zugeschickt habe. Was wollen wir aber, treuster und theuer geschätzter Freund, mit unsern gemeinschaftlichen Feinden machen? Ich zittere, wenn ich denke, daß sie noch sechs Monate Zeit haben, ihre Lästerungen aufs listigste fortzusetzen. Doch, ich hoffe, sie sollen an uns zu Schanden werden. Sollten sie fähig seyn, das Band zu lösen, welches die Tugend geknüpfet hat? Nein, Theuerster, an meiner Seite sollen sie diese Ehre nimmermehr erleben. Mein Herz wird sich bey den scheinbarsten Verläumbungen jederzeit auf die Tugend stützen, der ich bis in Tod treu bleiben werde. Meine Liebe wird zu Ihnen das beste Zutrauen haben; und kein Zufall wird den Entschluß ändern, bis ins Grab Ihnen ganz eigen zu seyn,

Kulmus.

Sechs und vierzigster Brief.
An eben Denselben.

Danzig, den 10. Sept. 1734.

Mein theuerster bester Freund!

Lassen Sie Sich Ihren letzten Brief nicht reuen. Es ist nichts billiger, als daß ich den Verdruß mit Ihnen theile, den Ihnen unsere Freundschaft verursachet. Fürchten Sie nicht, daß dergleichen Lästerungen mich zu sehr kränken möchten. Ein gutes Gewissen beruhiget sich sehr leicht, und so lange ich diesen, mir ewig theuren Schatz besitze, so werde ich nichts scheuen, und über alles bald zufrieden gestellet seyn. Glauben Sie, liebster Freund, daß ich Ihnen lieber meine guten Eigenschaften (wenn ich deren besäße,) verheelen würde, als meine Fehler. Nach meiner Denkungsart wünsche ich geliebt zu seyn, so wie ich bin, und nicht, wie
ich

Sechs und vierzigster Brief.

ich seyn sollte. Alles, was Sie mir zu meiner Beruhigung darüber schreiben, ist so schön, so sinnreich, so gefällig, daß ich für die ganze Verläumdung sehr reichlich belohnt bin. Sie ist der Bewegungsgrund, der mir diese angenehmen Zeilen zugezogen hat, und ich weis meinen Lästerern recht viel Dank. Eins bitte ich nur von Ihnen, machen Sie Ihren Freunden kein gar zu reitzendes Bild von mir. Man verliert zu viel, wenn die Beschreibung zu vortheilhaft gemacht ist, und ich möchte um alles in der Welt, in den Augen Ihrer Freunde nicht geringer scheinen, als die Vorstellung ist, so Sie Sich von mir gemacht haben.

Wie angenehm sind Ihre Briefe, bester Freund! Ich mag so traurig, so betrübt seyn als ich will, so werde ich heiter, munter, getröstet und zufrieden, sobald ich diese lese. Besonders danke ich Ihnen für den letzten, der so schön ist, daß ich ihn nicht genug lesen kann. Sie drücken Sich über alles so vortreflich aus, daß beydes, was Sie fühlen und nicht fühlen, gleich angenehm zu lesen ist.

Wer ist die Schöne, die, wie Sie sagen, so viel Vorzug in gewissen Stücken vor mir hat, und in andern so weit unter mir ist? Sie bringen auf diese Art, wie ich sehe, die Zeit, da wir noch getrennt seyn müssen, sehr angenehm zu. Es freuet mich Ihrentwegen, liebster Freund; denn oft wünsche ich, daß Sie mich weniger lieben möchten, als ich Sie liebe, um nicht so viel zu leiden, als ich leide. Sagen Sie einmal, ob dieses eine kaltsinnige, gleichgültige Liebe ist, wie Sie so oft die meinige nennen? Das Gedicht, welches der zärtliche Bräutigam S. auf seine verstorbene Geliebte gemacht, habe ich aus bloßer Neugier gelesen; ich wollte wissen, ob dieses eine Sache sey, darüber man so viel schreiben könne, als man wirklich empfindet. Aber, Himmel! was hat der gute Mann alles gesagt, ich glaube viel mehr, als er empfand. Findet er vielleicht eine zweyte und eine dritte Braut,

so

Sechs und vierzigster Brief.

so wird er eben so schön und zärtlich singen, als er bey jener Gelegenheit schmerzlich gegirret und geklaget hat. Ein Poet ist doch ein unerschöpflicher Mann, es quillt Wahres und Falsches aus einem Brunnen, und das Sprüchwort ist untrüglich: Le Poëte n'est jamais heureux qu'en fiction.

Versichern Sie doch der Frau von Z. aller meiner Hochachtung. Streuen Sie zuweilen unter Ihren Weyhrauch etwas von dem meinigen, so wird dieser letztere einen angenehmen Geruch geben. Ich wünschte wohl einigen Antheil an ihrer Gunst zu haben, und Sie, die Sie geneigt sind, meine Fehler zu entschuldigen, Sie können mir solche verschaffen. Leben Sie wohl, mein gütiger Freund, ich will Sie nicht länger ermüden, nur dieses erlauben Sie mir noch zu sagen, daß ich Ihnen von ganzem Herzen ergeben bin.

Kulmus.

Sieben und vierzigster Brief.
An eben Denselben.

Danzig den 22. Septbr. 1734.

Mein allertheurester Freund!

Vergangenen Sonnabend habe ich das wichtigste Schreiben, welches ich noch von Ihren Händen erhalten, mit Vergnügen erbrochen, und mit der reinsten Freude, die ein redliches, ein zärtliches Herz empfinden kann, gelesen. Fünf freudenlose Jahre haben mich durch mancherley Widerwärtigkeiten zu dessen frohen Empfange bereitet. Diese langen Prüfungen haben mich die Beschaffenheit meiner Liebe, und die gerechten Gründe darzu, in ihrem ganzen Lichte sehen lassen. Diesen habe ich nun auch die Freymüthigkeit zu danken, womit ich nicht allein Ihre, mir ewig theure Zuschrift erhalten, sondern mit welcher ich auch diese Zeilen aufsetze.

Ich

Sieben und vierzigster Brief.

Ich habe nichts von alle dem zu fürchten, was Sie, mein einzig Geliebter, zu erwägen mir anrathen. Ist es meinem Herzen schon damals unmöglich gewesen, den Eindruck zu vergessen, so Sie bey Ihrem Hietseyn auf selbiges gemacht, da ich, ohne eine sträfliche Treulosigkeit zu begehen, meine Neigungen noch ändern konnte; wie sollte es sich künftig eines Wankelmuths schuldig machen? Eines Fehlers, der nicht anders, als mit der Verknüpfung des schändlichen Lasters begangen werden könnte, und der mich selbst in meinen Augen verächtlich machen würde? Das beständige Andenken an meinen einzigen und besten Freund, wird mich alle Augenblicke an meine Pflichten erinnern. Ich bin niemals durch Zwang zur Tugend genöthiget worden; man hat mir ihre Vortreflichkeit und ihren Werth sehr lebhaft vorgestellt; ihr zu folgen aber, hat man meiner eignen Wahl überlassen. Indessen ist mir dieselbe immer so unendlich schätzbar vorgekommen, daß ich sie

aus

aus eigenem freyen Willen erwählet. Ich hatte mir fest vorgesetzt, alles Ungemach, was ihr und ihren treuen Nachfolgern oft zu begegnen pfleget, lieber zu ertragen, als daß ich auf eine lasterhafte Art glücklich zu seyn, hätte erwählen sollen. Die Tugend führet die, so sich ihr überlassen, und ganz zu eigen geben, auf den besten Weg; sie zeiget ihnen Glückseligkeiten, die, wenn sie nicht so sehr in die Augen fallen, dennoch von längerer Dauer sind, als alle flüchtige scheinbare Güter dieser Welt. Ich nehme hierbey unsere Freundschaft zum Zeugen. So herrlich hat zuletzt das Ende derselben werden müssen. Unsere Wünsche sind erfüllt. Jetzt liegt es nur noch an mir, Ihnen, mein auserwählter Freund, ein Herz völlig zu übergeben, das Ihnen die Vorsehung schon zugedacht hat, und welches durch mancherley Proben Ihrer Liebe würdig gemacht worden ist. Ich bin fest überzeuget, daß wir beyde von Gott selbst einander bestimmt sind; Ich schlüße dieses sowohl aus

der

Sieben und vierzigster Brief.

der wunderbaren Art, die unsere Bekanntschaft veranlasset, als auch aus dem geheimen freudigen Verlangen, damit ich immer gewünschet, Ihnen auf ewig anzugehören.

Nun, im Namen Gottes, verspreche ich mich also Ihnen, mein theuerster und bester Freund, auf mein ganzes Leben mit dem festen Vorsatz, Sie über alles in der Welt zu lieben, und Ihnen treu zu seyn bis in den Tod. Bey der Fortsetzung Ihrer Liebe wird mir alles Leiden erträglich seyn, und in meinem Gemüthe keine Veränderung verursachen können. Nächsten Posttag sollen Sie ebenfalls ein sichtbares Zeichen zur Bestätigung dieser unserer Verlobung erhalten, weil ich heute nicht damit habe fertig werden können. Ich habe Sie nicht einen Posttag über die Gewißheit meiner Gesinnungen unruhig lassen wollen. Gott lasse den Segen meiner und auch Ihrer theuersten Eltern auf uns ruhen, so werden auch unsere äußerlichen Glücksumstände der innern Zufriedenheit unserer Gemü-

ther

Sieben und vierzigster Brief.

ther gemäß seyn. Ich bitte mir die beständige Fortsetzung Ihrer Liebe aus; Die meinige verspreche ich Ihnen nochmals bis in mein Grab, und mit welchem Vergnügen unterschreibe ich mich heute zum erstenmal meines innigst geliebten Freundes

verlobte Braut
und ewig treue Freundin

Louise Adelgunde Victoria Kulmus.

Acht und vierzigster Brief.

An eben Denselben.

Danzig den 29. Sept. 1734.

Mein auserwählter Freund,

Hier ist endlich das glaubwürdigste Zeugnis unserer Verbindung, und der ewigen Liebe, die ich Ihnen, mein Theurester, in meinem letzten Schreiben mit Freuden versichert habe. Alles, was ich Ihnen darinnen gesagt, bestätige ich durch beyliegenden Ring. Bey gutdenkenden Seelen ist alles dieses überflüßig. Aber es ist der Gebrauch; und um in den Augen der Welt recht heilig verbunden zu seyn, muß man sich solcher äußerlichen Zeichen bedienen. Sie haben den Anfang damit gemacht, ich folge Ihrem Beyspiel. Glauben Sie, bester Freund, mein Herz würde Ihnen ohne alle diese Ceremonien

auf

Acht und vierzigster Brief

auf ewig eigen seyn; denn meine eigenen Gesinnungen stimmen gar zu sehr damit überein.

Ich lege noch eine Dose von Bernstein bey, die in Ihrer Gegend Beyfall finden wird. Dieser bey uns einheimische Stein ist bey Ihnen ein Fremder, welche allemal in Sachsen gut aufgenommen werden. Es steht Ihnen auch frey, solche einer oder der andern Ihrer Bekannten zum Geschenk zu machen. Loben Sie mich doch, wie gefällig ich bin. Doch sehe ich am liebsten, wenn Sie solche der Frau von Ziegler bestimmten. Es gehöret zu dem Weyhrauch, den ich Ihren Verdiensten streue.

Herr Mag. S. giebt der Welt einen Beweis von der gewöhnlichen Denkungsart der meisten Mannspersonen. Ist es möglich, über eine Verstorbene so viel Klagen auszuschütten, und, so zu sagen, Himmel und Erde zu bewegen, und in kurzer Zeit die Verstorbene, seinen Schmerz und seine Klagen zu vergessen, und eine andere

Per-

Acht und vierzigster Brief.

Person zu wählen. Sollte man wohl glauben, daß ein Mann, der über den Verlust seiner Theodore untröstlich zu seyn scheinet, sich jemals wieder verheyrathen könnte? Wie wenig Männer finden sich in dieser besten Welt, die den Herrn von Besser gleichen!

Eins bitte ich Sie noch. Stellen Sie mich Ihrem würdigen Vater, in Ihrem nächsten Schreiben, als seine künftige Schwiegertochter vor, damit ich seines Gebets und seines Segens mit theilhaftig werde. Sobald ich erfahre, daß Sie ihm unsere Verbindung gemeldet, sobald werde ich ihm meine kindliche Ergebenheit eigenhändig versichern. Es ist nichts billiger, als diesem verehrungswürdigen Greis zu zeigen, daß er bey mir eben die Gesinnungen und die Ehrfurcht finden soll, die eine leibliche wohlgeartete Tochter für ihm hegen könnte. Eine Pflicht, die ich gewiß aus wahrer Neigung entrichten werde,

Die

Acht und vierzigster Brief.

Die Lehre Ihrer Philosophie ist durchgehends schön. Ich bin bey jeder schönen Stelle mit meinem philosophischen Freunde immer zufriedner. Lassen Sie nur der Welt durch unser Beyspiel zeigen, daß die wahre Glückseligkeit nicht auf zeitliche Güter beruhet. Wie zufrieden werde ich im mittelmäßigen Stande mit meinem Freunde leben und sterben als Seine ganz eigene

Kulmus.

Neun und vierzigster Brief.

An die Frau von Ziegler.

Danzig den 13. Oct. 1734.

Gnädige Frau,

Ich wage es schon wieder Ew. Hochwohlgeb. schriftlich aufzuwarten, und die Verehrung zu versichern, die ich Ihnen und Ihren erhabnen Eigenschaften gewidmet habe. Schon oft habe ich den dichterischen Geist und die geübte Feder bewundert, die Ihrem Geschlecht so viel Ehre macht. Oft habe ich gewünschet, Ihnen nahe, und wo möglich, ein Augenzeuge dieser rühmlichen Beschäftigungen zu seyn; Niemals aber habe ich geglaubt, daß die Erfüllung meiner geheimen Wünsche sobald erfolgen würde.

Ja, gnädige Frau! ich bin der Ehre, Sie bald kennen zu lernen, sehr nahe. Mein Freund wird Ihnen die Gelegenheit gemeldet haben,

haben, die mir dieses Glück verschafft. Er hat mich oft versichert, daß Sie mich der Ehre Ihres Andenkens würdigten, und ich werde mich bemühen, Ihre Huld und Gewogenheit zu verdienen. Ich weis, wie viel Antheil Ew. G. an meinem Glücke nehmen, und ich bin zufrieden und stolz, wenn die Wahl meines Freundes Ihres Beyfalls nicht unwürdig ist. Ich empfehle mich Ihrem Wohlwollen. Stets werde ich dieses zu verdienen suchen, und Ihnen Beweise meiner unumschränkten Hochachtung geben ꝛc.

Kulmus.

Funfzigster Brief.

Danzig den 21. Oct. 1734.

Mein bester, liebster Freund,

Zwey Posttage habe ich der Ankunft Ihres Briefes sehnlich entgegen gesehen. Ich machte mir über sein Außenbleiben viel Sorge, die auf einmal verschwand, da ich mit einem großen Paquet, gestern, so früh erfreuet wurde, daß es mich noch schlafend fand. Alles mir übersichickte nehme ich als Beweise Ihrer Freundschaft, Ihrer Zärtlichkeit, und Ihres guten Geschmacks an. Sie überführen mich täglich mehr von Ihrer Freygebigkeit, eine Tugend, die mir im Anfange unserer Bekanntschaft oft zur Last geworden. Jetzt scheint es, daß ich ganz daran gewohnt bin. Seit Sie mir Ihr Herz völlig übergeben, und Sich selbst mir geschenkt haben, seit ich dieses Geschenk mit Freuden angenom-

Funfzigster Brief.

rien, seitdem finde ich alles übrige weit unter diesem Werth. Den Gebrauch von allem, was Sie mir geschickt, sollen Sie erfahren, wenn ich Sie sehen, und zum erstenmal in meinem Leben umarmen werde. Nur für Sie allein wünsche ich reitzend, schön und angenehm zu seyn.

Für die beyden Bücher danke ich Ihnen vorzüglich. Fontenelle ist mir sehr lieb, es ist ein schönes Werk. Das galante Sachsen hat so viel Reitz für meinen Bruder, und für eine meiner Bekannten, daß sie Tag und Nacht darinnen lesen. Jeder Zeile geben sie lauten Beyfall, und ich habe das Vergnügen, Ihnen Händel darüber zu machen. Es ist auch wirklich keine geringe Veränderung, wenn ein Mädchen mit eben dem Eifer, als sie bisher Jacob Böhmen gelesen, nunmehro das galante Sachsen liest. Sie sagen, Sachsen sey unter der Regierung des jetzigen Königs ganz verändert, allein ich kann mir nicht vorstellen, daß eine Veränderung in den Sitten, auch sobald

die

Funfzigster Brief.

die Leidenschaften verändern sollte, und daß dieses das Werk eines einzigen Jahres seyn könnte. Das Herz wird nicht so geschwind gebessert, als es verderbt wird, wenn auch gleich die Vernunft den Handlungen der Menschen Zügel anlegt, solche nicht in ihrer Heftigkeit zu zeigen. Oft dient diese Verstellung der Jugend zum Verderben, die von dem Schleyer der Tugend, worunter das Laster sich nicht selten versteckt, gar leicht kann hintergangen werden. Vergeben Sie diese Betrachtung, mein geliebter Freund, Ihr galantes Sachsen, und die Erinnerung, so sie dabey gemacht, hat solche hervorgebracht. Glauben Sie fest, Sie sollen mir lieber als der ganze Rest der Sterblichen seyn. Gebe doch der Himmel, daß ich immer von der ununterbrochenen Dauer Ihrer zärtlichen Liebe so gewiß versichert seyn möge, als ich in mir selbst fühle, daß Ihnen mein Herz lebenslang treu und ergeben seyn wird. Sind sie nun mit allen Versicherungen zufrieden? Werden Sie noch über mein Stillschweigen klagen? Die Liebe, die Zärtlichkeit hat mich beredt gemacht. Das erstemal hat es mir eben so viel Ueberwindung gekostet, als es mir jetzt Freude macht, Ihnen aufrichtig zu versichern, daß ich ewig die Ihrige bin.

Kulmus.

Ein und funfzigster Brief.

Hochehrwürdiger Herr!

Zärtlichgeliebter Herr Vater,

Mit tausend Freuden spreche ich heute einen mir so theuren Namen aus, da die Vorsehung mir in Ihnen den vor wenig Jahren erlittenen schmerzhaften Verlust ersetzet. Sie, mein theurester Herr Vater, sollen in mir die kindlichsten Gesinnungen finden. Erlauben Sie mir, mich zu Ihren Kindern zu zählen. Mit Ihrer Erlaubnis und Ihrer Einwilligung habe ich

Ein und funfzigster Brief.

ich mein Herz Ihrem geliebtesten Sohn überlassen. Ich weis, daß er Ihres Segens theilhaftig geworden, und wie würdig ist er desselben! Allein, hast du denn nur einen Segen, mein Vater? segne mich doch auch! Dieses erbitte ich mir von Ihrer Güte, und erwarte es von Ihrem väterlichen Herzen. Ihr gemeinschaftlicher Segen, theuerstes Paar, soll die Stütze unsers gemeinschaftlichen Glücks seyn. Ich küsse Ihnen die segnenden Hände, und bin mit kindlicher Ehrfurcht und Liebe, Ihnen, würdigste Eltern beyderseits, bis an das Ende meines Lebens ganz ergeben, als Ihre

gehorsamste Tochter
Kulmus.

Zwey und funfzigster Brief.

Danzig den 6. Nov. 1734.

Mein einziger Freund,

Der unordentliche Lauf der Posten bey Anfang des Winters macht auch eine Unordnung in unserm Briefwechsel. Meine Einbildungskraft ist so sinnreich, daß sie mich glaubend machet, ich sey um Sie, wenn Sie meine Briefe mit einer gewissen Ungedult erbrechen, die ich der späten Ankunft der Posten gewissermaßen zu danken habe. Dieses geistige Vergnügen ergötzet mich sehr oft, und ich erfahre, daß es in einer so weiten Entfernung das beste Mittel ist, sich mit dergleichen Vorstellung eine kleine Erleichterung zu schaffen.

Rathen Sie, auf welche von den überschickten Schriften meine Neugier zuerst fiel? Die Uebersetzung der Griechischen Briefe war es, die ich mit großer Begierde las, aber ich fand nicht,

Zwey und funfzigster Brief.

was ich erwartete. Glycera kömmt mir als ein hochmüthiges, von sich eingenommenes Geschöpfe vor. Menander soll sich nicht einmal lange besinnen, ein Königreich um sie zu vertauschen? Was ist Menander ohne die Glycera? sagt sie: Ich aber sage, was würde Glycera ohne den Menander gewesen seyn? Es ist sehr wahrscheinlich, daß sie alle ihre Wissenschaften diesem zu danken hatte. Oder hat nicht vielleicht der Vorsatz, ihm zu gefallen, sie darzu aufgemuntert? Sie lebte in den glücklichen Zeiten, wo Tugend und gute Eigenschaften allein den Preis erhielten; wo Ueppigkeit und Pracht die Herzen der Jünglinge nicht eingenommen hatte; und eben deswegen das weibliche Geschlecht nicht zu lauter Eitelkeiten verleiteten, und geputzte Puppen aus ihnen machten. Sie hätte also billig ihrem tugendhaften Freunde auch einigen Antheil an der Liebe zur Tugend, die er ihr eingeflößt, lassen, und nicht alles auf ihre Rechnung schreiben

ben sollen *). Die Schreibart dieser beyden Briefe hat im übrigen meinen ganzen Beyfall, sie ist unverbesserlich.

Ich freue mich, daß das Rectorat Sie diesesmal vorbeygehen wird; und wenn ich ohne einen Glycerischen Hochmuth glauben darf, daß Sie sich einige Mühe darum gegeben, um einige Wochen eher hier zu seyn, bin ich Ihnen ungemein verbunden.

Die Dame, an welche ich neulich geschrieben, wie Ihnen Ihr treuer Hausgeist so prophetisch

---

*) Zum Beweis, daß unsere Kulmus ihrem Freund einen großen Theil ihres Wissens dankte, dienen folgende Zeilen, welche sie im Jahr 1737. verfertiget:

Mein Gottsched! Du allein
Und daß Du mich geliebt, dies soll mein Lorber seyn.
Daß Du mich hast gelehrt, daß Du mich unterwiesen,
Das sey der Nachwelt noch durch manches Blatt
gepriesen,
Wer solchen Meister hat, da stirbt der Schüler nicht,
Wenn ihm gleich das Verdienst der Ewigkeit gebricht.

Zwey und funfzigster Brief.

tisch geplaudert hat, ist eine Baroneſſe von Kielmannsegg, eine Hollſteiniſche von Adel. Sie iſt in beſtändigem Briefwechſel mit meiner Mutter geweſen, und ich meldete derſelben meinen Verluſt. Es iſt eine ſehr gelehrte Frau, die viel Vorzüge beſitzt. Sie ſpricht die franzöſiſche, italiäniſche, däniſche und holländiſche Sprache, alle mit gleicher Fertigkeit. Der lateiniſchen iſt ſie ebenfalls ſehr kundig. In allen dieſen Sprachen hat ſie ſehr viel, und was das wichtigſte iſt, mit Nutzen geleſen. Sie hat einen durchdringenden Verſtand, und dabey das redlichſte Gemüth. Kurz zu ſagen, ſie iſt eine Perſon voller Vollkommenheiten, die ein beſſer Schickſal verdient. Sie hat viel Creutz und vielen Gram in der Welt gehabt.

Tis not in mortals to command of Fate;
but we'll do more we'll deſerve it. *)

---

*) Es ſteht nicht bey den Sterblichen, dem Schickſal zu befehlen; nur ſo viel iſt ihnen vergönnt, ſich deſſen zu bedienen.

Zwey und funfzigster Brief.

Verzeihen Sie mir dieß englische Blümgen, mein gütiger Freund! wenn es nicht schon da stünde, so wollte ich es nicht hinschreiben.

Hier folget die Liste von den Bomben, so wie man sie auf unserm Hagelsberge gehalten hat. Eine von denen, die den 14. März geworfen sind, schlug in ein Grab zu St. Marien, neben demjenigen, wo unsere sel. Mutter geleget worden. Die Bombe hat daselbst die Särge zersprengt, und die Leichen zerstückt in der Kirche herum geworfen. Ich dankte Gott, daß der Körper unserer Mutter unbeschädiget geblieben, für welche mein Herz zitterte, sobald ich die erste Nachricht erhielt. Leben Sie wohl, liebster Freund, ich bin ewig die Ihrige.

Kulmus.

Drey und funfzigster Brief.

Danzig den 10. Nov. 1734.

Bester Freund,

Nein, ich will Ihnen keine Antwort schuldig bleiben, und in dem Eifer, mit welchem Sie mir Ihre Zärtlichkeit und ihre Freundschaft versichern, nichts nachgeben. Es ist zwar sehr gewiß, daß Sie in vielen Stücken den Vorzug vor mir haben, und es ist auch billig; allein wenn es auf die Stärke der Freundschaft ankömmt, so werde ich gewiß den Ruhm meines Geschlechts nicht schwächen; hier wird dieses immer den Vorzug vor dem Ihrigen behaupten, und ich, ich werde mein ganzes Geschlecht in diesem Stücke suchen zu übertreffen.

Alles, was Sie mir in Ihrem Schreiben über die Geschenke sagen, ist richtig. Der meiste Theil der Mannspersonen sucht das Herz seiner

seiner Geliebten damit zu gewinnen, oder zu erkaufen. Und wie oft geschiehet es, daß viele, eine kurze Zeit darnach, doppelt so viel darauf wendeten, wenn sie das so theuer erkaufte Herz wieder los werden könnten? Unsere wechselsweise Neigung wird niemals nöthig haben, durch ein so schwaches Mittel angefeuert zu werden. Wenn Sie mir einen Theil der Welt schenken könnten, so würde ich solches weit unter das Geschenke Ihres Herzens setzen. Dieses ist mir kostbarer als alles, was die reichsten Handelsstädte in ihren Läden verschließen. Sie sind das Glück meines Lebens. So lange ich Ihr Herz besitze, und Sie mich Ihrer Neigung würdig finden werden, so lange werde ich mich glücklich preisen; das Ende aber derselben wünsche ich auch nicht einen Augenblick zu überleben. Eine Betrachtung über die Vergänglichkeit aller irrdischen Dinge, die mich heute beschäftigte, bringt mich auf diesen Einfall. Sie würde mich traurig machen, wenn mein Herz nicht von

der

Drey und funfzigster Brief.

der Hoffnung, einst ein unvergängliches Gut zu besitzen, belebet würde. Sie allein fesseln mich noch an die Erde; allen übrigen entsage ich mit Freuden. Die lange Prüfung, der unsre Freundschaft ausgesetzt gewesen, hat mich oft in der Hoffnung und im Zweifel geübt. Endlich hat doch die erste gesieget, und viele Hindernisse hat unsre Gedult überwunden. Wir empfinden nunmehro doppelt stark das Vergnügen unserer unauflöslichen Verbindung, welche nur der Tod trennen soll.

Alle Uebersetzungen, die Sie mir anrathen zu unternehmen, verspare ich, bis ich ruhiger und weniger zerstreuet, als jetzt, seyn werde. Gleichwohl habe ich den 23. Psalm aus dem englischen des Addison übersetzet, den ich Ihnen hier beylege. Streichen Sie aus; verbessern Sie jeden Ausdruck, zeigen Sie mir meine Fehler, Ihr Tadel ist mir so schätzbar als Ihr Beyfall. Leben Sie wohl, bester Freund. Ich bin ewig die Ihrige,

Kulmus.

Der 23. Pſalm.

HErr! deſſen Güte mich, mit Hirtentreue
weidet,
Bey deiner Gegenwart bin ich beglückt und reich.
Du, deſſen Vaterhand mir einen Tiſch bereitet,
Du ſchützeſt, du erhältſt und nähreſt mich zu=
gleich.
Du biſt mein Schild und Schirm bey ſchwüler
Mittagshitze,
Und biſt mir Sonn und Licht, wenn ich im
Dunkeln ſitze.
Wenn ich in meinem Lauf oft ganz ent=
kräftet ächze,
Und manche lange Nacht von Seufzen müde bin;
Wenn ich auf ſteiler Höh der dürren Berge
lechze,
So führet mich mein Hirt auf frohe Auen hin:
Da ſeh ich Berg und Thal und ſanfte Bäche
fließen,
Die ſich durch Wald und Feld auf ſein Geheiß
ergießen.

Wenn

Wenn ich aus dieser Welt den Weg des
  Todes gehe,
So führt mich dieser Weg, mein treuer Hirt zu
  dir.
Wenn ich mit Finsterniß mich ganz umhüllet
  sehe,
So bist und bleibest du, o Gott und HErr,
  bey mir;
Auf deinen Stab gelehnt werd ich niemals
  ermatten,
Du führst mich durch die Nacht der fürchter=
  lichsten Schatten.

Wenn ich in Berg und Thal in rauhen
  Wüsten irre,
So macht mich deine Huld von Noth und
  Mangel frey;
Wenn ich in Einsamkeit gleich einer Taube girre,
So segnet deine Hand die öde Wüsteney,
Mit Nahrung angefüllt, mit Strömen ganz
  durchwässert,
Zeigt sich das dürre Land, das beine Huld ver=
  größert.

     L   Vier

Vier und funfzigster Brief.

Danzig den 1. Decbr. 1734.

Mein bester Freund!

Sie nennen mich hartnäckig, daß ich nicht die Geschichte der Thermopylischen Bäder übersetzen will, und Sie thun mir Unrecht. Der Anfang ist schon gemacht, weil es Ihr Wille ist, ich habe nur nicht Lust es zu vollenden. Ich liebe keinen Roman, und ich finde so viel in diesem kleinen Werke, was dem ähnlich sieht, daß ich ohne Geschmack an der Uebersetzung gearbeitet habe. Ich möchte nicht gerne die Anzahl dieser Schriften vermehren helfen, und dieses ist die Ursache, warum ich Sie gebeten, nicht auf dieser Arbeit zu bestehen. Nächstens sollen Sie eine Uebersetzung lesen, die ich nach meiner Neigung gewählt. Wie sehr werde ich mich belohnet halten, wenn sie Ihnen nicht miß=

Vier und funfzigster Brief.

mißfallen wird. Glauben Sie ja nicht mich eher zu bewegen, wenn Sie eine Dacier, eine Scuderi aus den Elisäischen Feldern zurückrufen, und mich auf dieses Beyspiel weisen. Sie, bester Freund, haben mehr Gewalt über mich, als der ganze Weltkreyß; und kein Capuciner soll während seines Noviciats mich an Gehorsam übertreffen; lassen Sie nur in diesem Stücke meine billige Einwendung gelten. Erlauben Sie mir den Sieg der Beredtsamkeit von der Frau von Gomez zu wählen. Sie lobten dieses Stück in einem Ihrer Briefe, ich las es, und fand einen Trieb in mir, es zu übersetzen. Dieses sollen Sie erhalten. Vergeben Sie mir immer diesen kleinen Eigensinn. Sie haben mir schon viel Fehler verziehen. Ich bin Ihnen auch dafür, so lange ich lebe, verbunden.

Kulmus.

Fünf und funfzigster Brief.

Danzig den 15. Decbr. 1734.

Bester Freund,

Wir sind also versöhnt. Ich freue mich darüber, und wenn Sie Zeuge von meinen Bemühungen im Uebersetzen seyn könnten, so würden Sie sehen, wie sehr ich mich bestrebe Ihnen gefällig zu werden. Ich bin sehr begierig Ihr Urtheil von meiner Arbeit zu erfahren. Addisons Cato und meine Gomez sollen Ihnen gewiß gefallen. Aber nur noch um ein wenig Geduld bitte ich.

Ich soll Ihnen auf verschiedenes noch antworten, allein, mein bester Freund, es betrift Geschenke für mich, und dieses ist ein Punct, den ich nie beantworten werde. Ich bin beschämt, wenn ich sehe, daß ich selbst die erste Sache bin, die Sie über ihren Werth bezahlen;
und

Fünf und funfzigster Brief.

und ich fürchte, daß Ihre Freygebigkeit mit den übrigen Nebendingen auch so handeln möchte.

Ich überlasse Ihnen also nur den Schlafhabit für mich zu bestellen, den Ihrigen werde ich zu besorgen übernehmen. Das männliche Geschlecht hat uns die meisten Eitelkeiten und Spielwerk längst überlassen, und wir beschäftigen uns zu unserer Schande noch so emsig damit. Ich werde also durch allerley Anstalten zu unserer Hochzeit meinem Geschlechte den Zoll entrichten, den ich ihm schuldig bin. Von dem Augenblicke aber, da ich zu Ihrer Fahne werde geschworen haben, sollen die meisten Eitelkeiten aus meinem Sinn und Hause verbannet seyn. Es giebt deren doch noch unvermeidliche genug, welchen man nicht ganz entsagen kann. Bringen Sie mir nur meinen Gottsched, meinen einzig geliebten Freund, gesund und wohl. Dieses soll mir das angehmste Geschenke seyn, und in Ihm werde ich die ganze Welt besitzen. Meine Trauer ist auf Ostern erst halb

zu

zu Ende, und um keinen Strich durch die Gesetze zu machen, werde mich Ihnen nicht anders, als in schwarz seidenem Zeug in meinem gröſten Putz zeigen können. Wenn Sie bloß das äußerliche reitzte, so würde ich viel in Ihren Augen verlieren; denn auch zu der Zeit, da mein Geschlecht sich bemüht am reitzensten zu seyn, muß ich des Wohlstandes wegen ganz einfältig erscheinen. Vielleicht würde meine Eitelkeit alles hervorgesucht haben, Sie noch einmal zu fesseln. Allein es soll nicht seyn, sondern mein Herz soll Ihnen ohne allen äußerlichen Zierrath zu eigen übergeben werden.

Kulmus.

Sechs und funfzigster Brief.

Danzig den 27. Decbr. 1734.

Mein bester Freund,

Eben wollte ich wegen meiner Nachläßigkeit um Verzeihung bitten, da mir Ihre Gütigkeit entgegen eilet, mich darüber mit einem so schönen Weynachtsgeschenke zu bestrafen. Haben wir nicht feyerlich Abrede genommen, unsre Liebe, unsre Freundschaft nicht durch Geschenke zu unterhalten? Waren wir nicht beyderseits darüber einig, daß dergleichen Mittel bey Gemüthern von unserer Art ganz überflüßig wären? Sie aber, mein bester Freund, Sie, der mit männlicher Standhaftigkeit diesen Vorsatz behaupten sollten, Sie sind der erste, der das Versprechen aufhebt. Sollten Sie, mein künftiger Herr und Gebieter, mir nicht bessere Beyspiele geben? Das schöne Schreibzeug giebt mir

mir einen feinen Verweis über meine Nach=
läßigkeit! es zeiget die Geschicklichkeit der Säch=
sischen Künstler, und es würde mir angenehm
seyn und meinen Fleiß erregen, wenn es gleich
von geringerm Werth wäre.

In den beyden Calendern habe ich die Tage
genau angemerket, wenn die Posten aus Leipzig
abgehen, und ich bin nunmehro jedesmal in
sicherer Erwartung Ihrer Briefe. Sehn Sie,
daß ich alle Erinnerungen gut anzuwenden
weis. Nur eins bitte ich, bester Freund!
Haben Sie mich nicht in dem Verdacht des
Eigennutzes oder der Eitelkeit; zwey Fehler, die
ich Zeitlebens verabscheuen werde. Sie haben
alles für mich gethan, was Sie thun können,
was bleibt mir noch zu wünschen übrig? Es ist
eine üble Gewohnheit, daß man den Grad des
künftigen Glücks von ein paar Versprochenen,
nach dem Werth der Geschenke zu schätzen pfle=
get, die der Braut in den vergnügten Tagen
ihres Noviciats gemacht werden. Kaum ist

die

Sechs und funfzigster Brief.

die Einkleidung in den Orden des Ehestandes vorbey, so hören die Verschwendungen auf. Wie viele Frauens halten sich vor unglücklich, und ihre Männer für kaltsinnig, weil sie ihre übertriebene Freygebigkeit nicht fortsetzen, die sie doch bald ins Elend stürzen würde, wenn sie lange dauern sollte. Worzu dienen alle solche Misbräuche? Lassen Sie uns denen nicht gleich stellen, die ihre Neigungen auf nichts als Eitelkeit und Thorheit gründen. Die Unsrige hat einen bessern Ursprung, ich glaube, ich hoffe, ich wünsche, daß sie auch glücklichere Folgen haben wird. Alles werde ich darzu beytragen, Sie immer zufriedener zu machen mit Ihrer

Kulmus.

Sieben und funfzigster Brief.

Danzig den 10. Januar 1735.

Mein einziger Freund,

Hier folget die Uebersetzung, die ich Ihnen statt der Thermopylischen Bäder versprochen. Es ist der Sieg der Beredtsamkeit von der Frau von Gomez *). Ich überlasse Ihnen diese Blätter, machen Sie alles damit, was Sie denken zu verantworten.

Wegen der neuen Ausgabe der Lambertschen Betrachtungen wünschte ich sehr, daß es bey den vorigen beygefügten Gedichten bliebe. Die neuern sind nicht von dem Werth, daß sie den

---

*) Dieses Stück ist im Jahr 1735. in Leipzig gedruckt, und 1739. erschien der Triumph der Weltweisheit von der Frau von Gottsched, als eine Nachahmung des Sieges der Beredtsamkeit von der Fr. v. Gomez.

Sieben und funfzigster Brief.

den Druck verdienen, und ihre Anzahl ist auch geringe. Unsere beyden Calenderschreiber haben uns hier einen schlechten Winter gemacht. Die eifrigen Schlittenfahrer lassen sich diesesmal auf leicht beschneyten Steinen herumschleisen. Ich sehe der Wuth dieser Menschen ganz gelassen aus meinem Fenster zu, setze mich an meinen Schreibtisch, und ergötze mich in meinem geheitzten Zimmer und mit meinen Büchern mehr, als alle Schlittenfahrer mit ihrer frostigen Lustbarkeit.

Ich werde Ihnen künftig Rechenschaft von der Anwendung meiner Stunden geben. Alle schöne Stellen aus verschiedenen Büchern habe ich aufgezeichnet, und ich werde Ihnen bey Ihrer Ankunft eine Sammlung überreichen, aus welcher Sie meinen Geschmack und meine Beschäftigung beurtheilen werden. Auszüge aus dem Abbadie, Addison, Steele, Bellegarde, la Bruyere, St. Evre=
mond,

mond, Seneca, Horaz u. s. w. erheitern meine ganze Seele und sind meine Ergötzlichkeiten. Was meynen Sie zu dieser Arbeit? Durch alle meine Handlungen suche ich mir Ihren Beyfall zu erwerben, und immer suche ich Sie zu überzeugen, daß ich bloß für Sie lebe.

Kulmus.

Acht und funfzigster Brief.

Danzig den 24. Jan. 1735.

Bester Freund,

Endlich habe ich das Vergnügen Ihnen meine Arbeit zu übersenden und zuzueignen. Sie, mein bester Freund, haben mich darzu verleitet, und Ihrem Urtheil übergebe ich diese Blätter. Wie sehr werde ich mich freuen, wenn Sie mit meinem Unternehmen zufrieden seyn. Ihr Beyfall ist mir schätzbarer als der laute Beyfall

einer

Acht und funfzigster Brief.

einer Welt. Ich habe einige Oden vom Horaz und ein Stück vom Sammler (Glanedr) gewählt. Beydes war nach meinem Geschmack, und das letzte haben Sie mir selbst sehr angepriesen. Jetzt bin ich noch mit dem Cato von Addison beschäftiget; es scheint aber, daß dieser erst gegen Ihre Ankunft und unter Ihren Augen vollkommen werden soll. Mag doch die Welt immer sagen, daß Sie meine Fehler darinnen gebessert, ich schäme mich nicht, die Schülerinn eines solchen Meisters zu seyn. Ich will unwissend, einfältig, ungeschickt in den Augen der Welt scheinen, wenn ich nur sicher bin, daß mein Freund diese Fehler nicht an mir findet. Sie sollen und werden diese Blätter den 2. Febr. erhalten. Bey allen andern Geschenken wäre die Hand des Künstlers geschäftig gewesen, aber dieses ist von meiner, wie ich weis, eigenen und Ihnen angenehmen Arbeit. Jede Zeile ist mit der heimlichen Freude, Sie angenehm zu überraschen, geschrieben worden.

Was

Acht und funfzigster Brief

Was soll ich Ihnen zu Ihrem Jahrstage sagen, das nicht auch ein Glückwunsch für mich wäre. Es ist ein Tag des Dankens, des Betens und der Freude für mich. Alles, was die Vorsehung ihren Verehrern gewähren kann, wünsche ich Ihnen, mein bester und einziger Freund. Für mich erbitte ich von eben dieser Vorsehung Ihr langes Leben und die Dauer Ihrer Freundschaft, Ihrer Liebe, Ihrer Zärtlichkeit. Wie froh und wie gut angewendet werden die Tage meines Lebens verstreichen, die ich bis ans Ende Ihnen ganz ergeben zubringen werde

Kulmus.

Folgende 7 Oden des Horaz, und das Stück aus dem Sammler, waren bey diesem Brief, und sind also hier eingerückt. Die Wahl der ersten wird der Uebersetzerinn ihre Neigung zur Tugend zeigen, und überhaupt dienen sie zum Beweis ihres feinen Geschmacks.

II. Ode

II. Ode des Horaz 1. B.

(Als zu Rom wegen Ermordung des Cäsars viel Unruhe entstund, wobey man die einzige Hoffnung zu der Aufrechthaltung des Reichs auf den August setzte.)

Schon lange hat Schnee und greulicher Hagel die Erde gedrückt. Schreckliche Strafen, welche der Vater der Götter uns zuschickte! Er schüttelte seine mit flammenden Donner gewaffnete Rechte, traf die Tempel, und setzte Rom in Schrecken. Erschrockne Völker zitterten und fürchteten jene angstvollen Zeiten, welche Pyrrha bey Ueberschwemmung der Erde durch

uner=

unerhörte Wunder erfahren mußte; als Proteus seine Wasserheerden aus der Tiefe des Meeres auf die höchsten Berge führte, die Fische auf den Gipfeln der Bäume, dem gewohnten Sammelplatze der Turteltauben, hiengen, und die schüchternen Gemsen auf den mit Waſſer bedeckten Wiesen herumschwammen. Wir sahen den gelbfärbigen Tyber, wie er in seinem Laufe von dem Meere aufgehalten, gestoßen zurückströmte, aufschwoll, seinen gewöhnlichen Gang verließ, das linke Ufer überströmte, und des Pampilius Pallast nebst der Vesta Tempel den Umsturz brachte, als er wider Willen des Jupiter die Thränen seiner geliebten doch schmerzlichklagenden Ilia rächen wollte. Die römische Jugend, deren Anzahl durch die Wuth ihrer Vorfahrer sehr verringert worden, wird einst von unsern Schlachten hören; sie wird erfahren, wie Bürger gegen sich selbst wütend die Schwerdter geführt haben, welche sie doch nur zur Niederlage der Perser gebrauchen sollen.

Welche

Welche unter den erzürnten Gottheiten sollen wir wohl bey dem drohenden Untergange des Reichs anrufen? Durch was für Gebethe werden wohl die geheiligten Jungfrauen die erzürnte Vesta zum Mitleiden gegen uns bewegen können, die Vesta, die jetzt alle unsere Gesänge nicht achtet? Wen wird Jupiter ausersehen, durch Verbüßung unserer Verbrechen seinen Zorn zu versöhnen? Komm endlich, (nachdem wir genug ausgestanden haben,) komm, allwissender Apoll, wir flehen, steige in einer glänzenden Wolke über deinen Schultern zu uns hernieder! Oder, willst du, lächelnde Ericina, von Liebe und Scherz begleitet, lieber zu uns herunterkommen? Oder du, kriegerischer Gott, den nur der Klang der Waffen, ein glänzender Helm, und der Anblick eines maurischen Kriegsmanns ergötzt? O Vater des Volks, welches du ganz aus der Acht gelassen hast, bist du noch nicht müde, diesem grausamen und schon zu lang gedauerten Spiel zuzusehen? Oder wirst du du es endlich seyn, geflügelter Sohn der erhabenen Maya, welcher unter angenommener Gestalt des Augusts eines jungen Helden auf Erden wandeln, und uns würdigen wird, den Tod des Cäsar zu rächen? Möchtest du doch spät in die Höhen zurückkehren, und lange unter den Nachkommen des Quirinus wandeln. Laß dich unsere Laster nicht sogleich zur Rückkehr bewegen! Genieße dagegen unter uns die Früchte deiner Siege! Laß dir die Namen, Vater und Beherrscher, gefallen, und gieb nicht zu, daß des Meders Roß ungerächt ein Land durchstreife, wo August herrschet.

Diese Ode hat unsere Kulmus nach der Belagerung von Danzig übersetzt.

XXII. Ode

XXII. Obe im erſten Buch des Horaz.

(Daß ein redlicher Mann allenthalben geſichert ſey, beweißt Horaz mit ſeinem eignen Beyſpiel.)

Ein redlicher und unbeſcholtener Mann, mein lieber Fuſkus, bedarf keines Mauriſchen Wurfſpießes, keines Bogens, noch eines mit vergifteten Pfeilen angefüllten Köchers. Er gehe gleich durch brennende Lybiſche Wüſten, oder über den unwirthbaren Caucaſus, er wandle durch die Gegenden, welche der, durch fabelhafte Erzählungen der Dichter, berühmte Hydaſpes wäſſert. Mich ſelbſt, da ich meine Lalage in dem Sabinerwald beſang, und ſorgenlos und unbewafnet über die Gränzen heraus mich verirrte, mich flohe ein Wolf, ein Ungeheuer, dergleichen das kriegeriſche Apulien in ſeinen Eichwäldern nicht nähret, noch das heiße Numidien (die Mutter der Löwen) zeugt. Das Schickſal ſetze mich hin, wo auf trägen Fluren kein Baum jemals von einer Sonnenluft erfrischet wird, in einen Welttheil, voller Nebel und dicker schädlichen Dünste; es setze mich in eine Oede, wo der, über unsrer Scheitel nahe Sonnenwagen keinen Aufenthalt verstattet. Immer werde ich meine Lalage lieben, das süß lächelnde Mädchen, das plaudernde Kind.

XXVI. Ode

XXVI. Ode im erſten Buch.
An ſeine Muſe.

So lange ich Freundſchaft mit den Muſen pflege, ſo lange werde ich alle Traurigkeit, alle Gemüthsunruhe mit ſchnellen Winden über das weiteſte Meer ſchicken. Unbeſorgt, welcher König in den Nordiſchen Gegenden gefürchtet wird; bleibt alles, was den Tiritabes ängſtiget, mir ſehr gleichgültig und wird meine Ruhe nie ſtören. Du, meine ſtille Muſe, die du dich an reinen Bächen ergötzeſt, ſetze dich an die den Muſen geheiligte Quellen; winde Kränze von friſchen Blumen für meinen geliebten Lamia. Ohne deinen Beyſtand wird mein Geſang keinen Werth erhalten. Durch dich und deine Schweſtern hat er die Unſterblichkeit zu gewarten. Auf, Muſen! weyhet ihm auf neuen Saiten ein Lesbiſches Lied, auf! helfet mir ſeine Tugend verewigen.

XXXI. Ode im erſten Buch.

An den Apoll.

Was für Wünſche heiſcht der Dichter von dem Apoll, an dem Tage der Einweyhung ſeines neuen Tempels? Was verlangt er wohl bey dem Opfer, das er dieſem Gotte durch Aus= gießung der Erſtlinge ſeines Weins auf ſeinen Altären darbringt? Ich wünſche mir nicht die fette Saaten des fruchtbaren Sardiniens; nicht die ſchönen Heerden des heißen Calabriens, nicht Gold, noch indiſches Elfenbein, noch die reitzenden Campaniſchen Gefilde, welche die ſtille Liris ſanfte durchſtrömt. Derjenige mag die Trauben des Weinſtocks auf dem Gebürge zu Cales leſen und preſſen, dem das Glück ſolche geſchenkt hat. Der begüterte Kaufmann trinke aus goldenen Schalen ſeinen köſtlichen Wein, den er vor ſyriſche Waaren erhandelt: er iſt ein Liebling der Götter, er, der zu verſchie=

denen=

denenmalen im Jahre die entferntesten Meere ohne Gefahr durchseegelt. Mich soll die Olive sättigen; an der erweichenden Pappel und Cichorie laß ich mich begnügen. Alles, was ich von dir, du Sohn der Latona, erbitte, ist, daß du mir nur diese geringen Güter bey stets muntern und gesunden Kräften mögest genießen laffen! schenke mir dabey ein heiteres Gemüthe, und bewahre mich für einem trägen mürrischen Alter, das bey dem Klang der Leyer nicht mehr gereitzet, nicht mehr gerühret werden sollte.

II. Ode im zweyten Buch.
An den Sallustius.

Lieber Sallustius! Du, als ein Feind der verscharrten Reichthümer, du weißt, daß Gold und Silber keinen Werth hat, als den es durch einen mäßigen Gebrauch erhält. Proculejus wird noch bey der spätesten Nachwelt leben, weil er sich gegen seine Brüder väterlich bezeigte; das Gerüchte wird seinen Ruhm in alle Gegenden verbreiten und ihn unsterblich machen.

Größer und rühmlicher wird die Herrschafft seyn, sich selbst zu regieren und seine Begierden zu zähmen, als das entfernte Lybien mit Spanien unter einer Bothmäßigkeit zu vereinigen, und das alte und neue Carthago dem Befehlen eines Einzigen zu unterwerfen.

Ein Wassersüchtiger trinkt unaufhörlich seinen Durst zu stillen: anstatt aber sich damit zu helfen, vermehrt er nur sein Uebel, wenn er nicht vielmehr dagegen die Ursache der Krankheit

heit angreifen, und die überflüßigen Feuchtigkeiten, welche die Adern aufschwellen, abführen wird.

Die strenge Tugend urtheilet nicht wie der Pöbel. Sie zählt dem Phrates, der des Cyri Thron vom neuen besteigen konnte, nicht unter die Glücklichen, sie entwöhnt das Volk, falschen Beyfall zu achten, indem sie eine sichere Krone und dauerhaften Lorber demjenigen verspricht, der gehäuftes Gold mit gleichgültigen Augen ansehen, und ungerührt vorüber gehen kann.

X. Ode im zweyten Buch.
An den Licinius.

Wilt du glücklich leben, mein Licinius, so hüte dich, nicht immer mit vollen Seegeln das hohe Meer zu durchfahren, noch auch, aus zager Vorsicht für einem Sturm, dich zu früh einem gefährlichen Ufer zu nahen. Wer die güldne Mittelstraße wählet, lebt ruhig. Er meidet eben so sehr eine unsaubere alte Hütte zu bewohnen, als er sich des beneideten Hoflebens enthält, und entgeht dem Tabel und dem Neide. Die höchsten Tannen werden von den Winden am meisten beweget; erhabne hohe Thürme stürzen mit heftigen Geprassel nieder, und die höchsten Berge trifft der Donner am ersten. Ein standhaftes Herz verzweifelt nicht im Unglück, es hofft in Widerwärtigkeit, und fürchtet im Glück ein ander Schicksal. Denn eben der Gott, welcher den traurigen Winter herbeyführet, schicket auch den Frühling an

dessen

deſſen Stelle. Nicht, weil wir jetzt unglücklich leben, wird es künftig auch ſo ſeyn. Apoll ſpannt nicht immer ſeinen Bogen, er weckt auch zuweilen die ſchweigende Muſe wieder auf, und ſtimmt ſeine Leyer im ſanften Ton.

Laß uns daher ſtets weiſe, ſtets beherzt und ſtandhaft im Unglück ſeyn. Doch fordert die Klugheit, daß wir bey dem günſtigſten Winde die aufgeſpannten Seegel etwas einziehen.

IX. Ode im vierten Buch.

An den Lollius.

(Horaz erhebt die Dichtkunſt, und rühmt des Lollius Tugenden.)

Glaube nicht, mein Lollius, daß die Geſänge des Dichters von den Aufidiſchen Geſtaden, die in einer ganz neuen, bisher noch unbekannten Art, in die Töne meiner Leyer erſchallen, je=
mals in Vergeſſenheit gerathen werden. Ho=
mer

mer nimmt, ich gestehe es, zwar die vornehmste Stelle unter den Dichtern ein, und dennoch ist neben ihm die Pindarische Muse nicht unbekannt geblieben. Man schätzt den Simonides, Alcäus und Stechisores sehr hoch, welche eben wie Homer erhabne Gegenstände in ihren Gedichten geschildert haben; selbst Anakreons Scherze bestehen noch. Die Liebe wird noch oft saphisch besungen, und das Feuer, das diese Dichterinn ihren Liedern mittheilte, behält seine Anmuth noch in den jetzigen Zeiten. Helena, die Prinzeßinn von Lacedämon, war nicht die erste, die von den schönen Haarlocken ihres Geliebten entbrannte, und von seinen mit Gold gewürkten Kleidern, von seinem prächtigen Aufzuge und zahlreichem Gefolge in Verwunderung gesetzet wurde.

Teucer ist nicht der erste Bogenschütze gewesen. Troja ist mehr als einmal belagert worden. Weder Idomeneus noch Stenelus sind die einzigen, die ihrer Kriege wegen
von

von den Musen besungen zu werden verdienen, noch der streitbare Hektor und der tapfere Deyphobus die ersten, die sich ihrer keuschen Weiber und ihrer Kinder wegen aufopferten. Es gab Helden vor Agamemnons Zeiten, Helden, die unbeweint und unbekannt mit ewiger Nacht bedecket werden; denn kein Dichter hat sie besungen und der Vergessenheit entrissen. Der verborgene Held und der vergessene Feigherzige haben beynahe einerley Schicksal. Du, würdiger Lollius, Du sollst in meinen Gedichten leben. Der Neid soll nicht ungerochen wagen, Deine Thaten in die Vergessenheit zu bringen. Du zeigest Weisheit und Muth in deinen Handlungen, und deine standhafte Seele ist im Glück und Unglück sich immer gleich. Geitz und Betrug wird von dir ernstlich bestraft. Das reitzende Gold, das so viele dahin reißt, rührt dich nicht. Alle Tugenden der richterlichen Würde übst du nicht nur das kurze Jahr ihrer Dauer, sondern beständig aus. Du lässest
die

die Billigkeit dein einziges Augenmerk seyn, und weißt das Anständige stets dem Nützlichen vorzuziehen. Deine Großmuth verachtet die Geschenke der Verbrecher, du bahnest dir mit gewaffneter Seele einen Weg durch die aufrührischen Laster und triumphirest über sie. Derjenige kann nicht glücklich genennet werden, der viel Güter besitzt: nein, nur der behauptet diesen Namen, der das ihm von den Göttern geschenkte Gut weislich anwendet, der die harte Armuth ertragen kann, der das Laster mehr als den Tod scheuet, der aber dennoch muthig dem Tod entgegen gehet, wenn er seine Freunde oder sein Vaterland retten soll.

Aus

dem Sammler (Glaneur)

vom Jahr 1733. den 26. März.

Vergleichung des Theophrasts

und

des Hrn. v. la Bruyere.

Diese beyden Schriftsteller haben den Vorzug, daß jeder in seiner Sprache, und beyde über einerley Gegenstand vollkommen wohl schreiben. Den Tirtarnes nennt man Theophrast, welches einen Mann bedeutet, der göttlich spricht. Wären bey uns die Zunamen so gebräuchlich wie bey den Griechen, so würde la Bruyere Goldmund heißen. Der eine hat

mehr

mehr sanftes in seiner Schreibart, mehr Anmuth in seinem Ausdrucke; der andere hat kühnere, lebhaftere und beißende Züge. Man liest den Theophrast gern, um sich unterrichten zu lassen, jedoch muß er mit diesem Vorsatz gelesen werden. Den la Bruyere liest man zur Ergötzung; indem er vergnüget, unterrichtet er zugleich, und, ohne daß man es merkt. Sein Werk ist eine unterhaltende Critik, die man begierig liest. Der Grieche zeigt sich einförmig; der Franzos ist weit prächtiger, weit mannigfaltiger. Er liefert ein großes Gemälde von Leidenschaften. Bey dem einen sind die Abbildungen einer großen Anzahl Menschen nur im Grundrisse entworfen; der andre hat seine Gegenstände alle nach dem Leben geschildert. Könnten die Charactere erschöpft werden, so hätte la Bruyere nichts übrig gelassen. Theophrast hat eine allgemeine Schilderung von den Tugenden und Lastern geliefert; es giebt aber ein gewisses Original, welches weder

Laster

Laster noch Tugend ist; dieses hat la Bruyere zu seinen Gegenständen gewählet und glücklich getroffen. Der erstere ist fruchtbar an metaphysischen schönen und glücklichen Beschreibungen; es war der Geschmack seiner Zeit: der andere arbeitete ebenfalls nach dem Geschmacke der seinigen, und übergieng jene. Kurz, Theophrast war auch seinen Sitten nach, ein wahrer Philosoph; er hatte dieses der Lebensart zu danken, die er in des Plato und Aristoteles Schule angenommen hatte, und bey diesem Character suchte er vielleicht mehr als jener das Laster auszurotten, welches er mit so ausgesuchten und lebhaften Farben schildert. Er ist ein Prediger der Tugend. La Bruyere, der die Menschen mehr kannte, war vielleicht auf die Menschen selbst mehr unwillig, von welchen er das meiste erdulten mußte. Er ist ein ergötzender Menschenfeind.

Diese Vergleichung ist der Entwurf einer scharfen Feder. Sie schildert uns sowohl den

Theophrast, als la Bruyere sehr lebhaft. Man kann ohne Schmeicheley sagen, daß sie zwey verschiedene Originale geliefert hat; allein sie schildert uns dieselben nur von der schönen Seite, und verfällt dadurch gewissermaßen in eben den Fehler, welchen la Bruyere selbst getadelt hat. Aller Werth, den man uns beyłegt, sagt er an einem Orte, ist Vorurtheil, wenn man uns unsere Schwäche nicht zugleich mit zeiget; so wie hingegen der Tadel, der nicht die geringste gute Eigenschaft an dem andern sehen will, Haß oder Bosheit ist. = = Alle Lobsprüche, die man diesen beyden berühmten Sittenrichtern giebt, scheinen uns gerecht, diejenigen ausgenommen, welche sie von allen, auch von dem geringsten Fehler freysprechen. Die Kenner haben allerdings Fehler im Theophrast bemerkt, und man kann dieselben nicht anders als mit der gewöhnlichen Entschuldigung; es war der Geschmack seiner Zeit, vertheidigen; eine Ausflucht, die mit einemmale die

voll=

vollständigste Schutzschrift für die unvollkommensten Schriftsteller des Alterthums abgeben kann. Mit la Bruyere aber ist es ganz anders, man kann die Unregelmäßigkeiten in seinen Characteren nicht auf diese Weise entschuldigen; denn als seine Zeitgenossen müssen wir den Geschmack unsrer Zeiten kennen. Man hat diesen Schriftsteller heftig genug angefochten; man hat seine Schilderungen als unnatürlich tadeln wollen, „es sind Grotesken, sagt man, wahre „Ungeheuer, er übertreibt alles; er schildert „Hirngespinste, nicht die wahre Natur; seine „Gemälde sind nur mit groben Zügen entworfen; seine Sprache ist weder rein, noch sein „Ausdruck gewählt; die Schreibart ist bald gezwungen und übertrieben, bald niedrig und „kriechend; kein gesetzter Styl! er schreibt aufs „Geradewohl, und will sich, indem er den „Ausschweifungen seines eigensinnigen Genies „folgt, zum Erhabnen schwingen, welches ihm „doch ganz verborgen ist." =

Den la Bruyere so zu beurtheilen, ist keine Critik, es ist ein Pasquill. Er hat freylich seine Fehler, allein es ist unbillig, wenn man sie bis zum höchsten Grade übertreibt. Allerdings schrieb er in dem Enthusiasmus, von welchem er so oft begeistert ward, nicht mit derjenigen Richtigkeit, die ein Schriftsteller bey kaltem Blute beobachten kann, dessen Bemühung nur hauptsächlich darauf gehet, wie er seine Perioden recht zierlich ausputzen, wohlklingend und passend machen will. Eine so feurige Einbildungskraft aber, als des la Bruyere, ist von den Gesetzen so einer genauen und gewissenhaften Regelmäßigkeit frey. Seine natürlichen Einfälle und seine Ideen, welche denen Begeisterungen gleichen, sind schätzbarer als die richtigsten, ausgesuchtesten Gedanken, deren ganzes Verdienst die Kunst ist. Mit allen diesen aber, muß man doch gestehen, daß seine Schilderungen ein wenig zu übertrieben seyn. Er setzte sie aus Zügen zusammen, die

die er hier und dort entlehnte; daher machen sie zwar ein Gemälde aus, dessen einzelne Theile alle wahr sind, allein das Ganze ist nicht wahrscheinlich. Ein wesentlicher Fehler, von welchem man diesen berühmten Schriftsteller niemals ganz wird freysprechen können.

Ueber den Nutzen der Schauspiele.

Freylich dürfen wir bey unserer Schutzschrift für die Bühne nicht auf den Beyfall der Stoischen Weltweisen, der Geistlichen, der Jansenisten, Schwärmer, Misantropen und andrer solchen widrigen Leute hoffen. Diese vermeynten Weisen runzeln ihre ernsthaften Stirnen, und schaudern schon bey dem Worte Lust; und eben auf die Nothwendigkeit dieser Lust, wollen wir den Nutzen der Schauspiele jetzt gründen.

Wir müssen also vielmehr erwarten, daß dieser mürrische Haufe uns für Epicurer, Molinisten, Freygeister schilt, und uns mit einem Heere alter und neuer Beweisstellen zu Boden zu werfen sucht. Allein wenn unsere Meynungen auf die Natur selbst sich stützen, wozu werden ihnen ihre Schimpfnamen, und ihre strengen Schriftsteller helfen? Und wenn wir ihnen in aller Form Rechtens beweisen, daß die Schauspiele dem Privatmanne, dem gemeinen Wesen, dem Staate nützlich sind, ja, daß sie selbst mehr als alle andre Menschen Nutzen daraus ziehen könnten; sind sie alsdenn nicht doppelt strafbar, wenn sie uns tadeln, und die Kraft unsrer Beweise läugnen? Dieß vorausgesetzt, will ich also urtheilen: Alle Menschen wollen glücklich werden. Glückseligkeit ist der Gegenstand unserer lebhaftesten Begierden, der Endzweck unserer emsigsten Sorgen und aller unserer Bestrebungen sind dahin gerichtet. Nun lehrt uns die Erfahrung, daß diejenigen Moralisten, welche das Glück auf die Vernunft haben gründen wollen, dem Anscheine nach weise, aber sehr wenig glückliche Leute gemacht haben; vielmehr hat diese Vernunft

nur

nur noch mehr zu ihrer Betrübniß durch Ueberlegungen gedient, welche allemal strenge Ermahnungen sind.

Die Ruhe des Gemüths, welche diese Moralisten als die schätzbarste Frucht der Vernunft anpreisen, ist, wenn wir es recht untersuchen, nichts anders, als ein Stand der Gleichgültigkeit und Schläfrigkeit, welche mehr ähnliches mit der Traurigkeit und Betrübniß, als mit dem Vergnügen hat; oder vielmehr, er besteht in einer wahren Unthätigkeit, welche kein Vergnügen voraussetzt. Ein Mensch also, dessen Leidenschaften nicht erregt werden, kann keine Lust empfinden, folglich nicht glücklich seyn. Denn sobald man ohne Begierden ist, ist man auch ohne Vergnügen, und gäbe es nicht eine erlaubte Erregung der Leidenschaften, so würde das Leben nichts als ein Gewebe von langer Weile seyn, und zum unerträglichen Eckel werden. Man muß indessen nicht glauben, daß derjenige Mensch, welcher glücklich seyn will,

will, die Vernunft schlechterdings verbannen müsse; Nein! aber er soll sie nur zum Beystande rufen, um die übermäßige Hitze der Leidenschaften zu dämpfen, nicht, sie zu ersticken; er soll sich ihrer zur Mäßigung einer ausschweifenden Wollust, nicht zur Unterdrückung des gänzlichen Gefühls bedienen. Mit einem Worte: das einzige Geschäfte der Vernunft ist, die übermäßigen Begierden zu mildern, und ihre gar zu heftigen Aufwallungen zu besänftigen.

Ist also das innere Gefühl ordentlicher und gemäßigter Leidenschaften, zu dem Glücke des Menschen nöthig, so wird man uns einräumen, daß nichts so geschickt sey, als die Bühne, diese Wirkung hervorzubringen.

Die Bühne, wo der Geist angenehm unterhalten, und das Herz auf die reizendste Art bewegt wird; wo mitten unter Schrecken und Mitleiden die Vergnügungen der Seele entsprießen; Vergnügungen, welche freylich zwar

nur

nur Früchte des Irrthums und eines angenehmen Blendwerks sind; allein, was schadet es, daß es Täuscherey ist, wenn die durch sie hervorgebrachte Empfindung noch reitzender ist, als die Empfindung des Wesentlichen. Ja, die Schauspiele sind allen denjenigen nützlich, welche nach einer erlaubten Glückseligkeit streben, und von diesem Leben den vortheilhaftesten Gebrauch, welcher zu wünschen erlaubt ist, zu machen suchen. Man kann sogar versichern, daß, je vernünftiger ein Mensch ist, desto unentbehrlicher ihm die Bühne wird; denn nach unserm angenommenen Grundsatze herrscht die Melancholie in dem Temperamente und Gemüthe in desto stärkerm Grade, je mehr die Vernunft den Geist bemeistert. Um also die schädlichen Wirkungen abzuwenden, welche eine verbrannte Galle hervorbringen könnte, ist kein kräftigeres Mittel als die Schauspiele.

In der That haben die, in der Vernunft grübelnden Leute mehr als andre nöthig, sich

auf-

aufzumuntern, und von dem düstern Nachdenken sich abzukehren, in welches sie die Vernunft stürzet. Nichts ist hierzu nützlicher, als daß man ihrem Geiste, der sich lediglich in Betrachtungen vertieft, angenehme Gegenstände vorstelle, und daß man sie durch alles dasjenige zu zerstreuen suche, was ihren finstern, gallsüchtigen Humor in etwas erheitern, oder ihn in seinen Wirkungen stöhren kann; nun ist die Vorstellung der Leidenschaften auf der Bühne ein Vergnügen, welches sehr geschickt ist, sich ihnen selbst zu entreissen, vergnügte Ideen zu erwecken und ihr Herz zu vergnügen. Auch denenjenigen, deren zügellose Leidenschaften nicht durch die Vernunft gedämpft werden können, sind die Schauspiele nützlich. Auf der Bühne werden diese Leute Grundsätze hören, die ihre Rauhigkeit mildern, ihre Aufwallungen mäßigen können. Sie werden bemerken, daß das Laster sich hier allemal sehr schüchtern und beschämt zeiget, oder doch in einer solchen

Gestalt

Gestalt erscheint, der man das Widrige und Schrecklichste benommen hat. Z. E. die Liebe wird ihnen nicht anders als eine erlaubte, zärtliche Empfindung vorgestellt werden, nicht als eine thierische unordentliche Leidenschaft, sondern als eine erlaubte Neigung, die zur Tugend reizt, und zu großen Handlungen aufmuntert. Man sieht wohl, daß so eine gereinigte Leidenschaft niemals lasterhaft seyn kann.

Immittelst ist der Nutzen der Bühne für Privatpersonen noch nicht hinreichend, wir müssen denselben auch in Absicht auf das gemeine Beste zeigen.

Die Monarchen, die Prinzen, die Ministers, die immer von Schmeichlern umgeben sind, finden fast niemals einen Menschen, der ihnen die Wahrheit sagt; die Wahrheit, die ihnen doch so unentbehrlich zu wissen nöthig ist. Nur die Bühne hat dieses Recht. Im komischen oder tragischen Gewande tadelt man ungestraft auch ihre verborgensten Fehler. Hier also erhalten

halten die Großen die nützlichsten Lehren, welche sie für den Lastern, die der Gegenstand der Satyre sind, schützen. Das Volk hingegen lernt hier Gehorsam und Pflicht. Es findet hier in den Widerwärtigkeiten und dem geheimen nagenden Kummer, mit welchem das Leben der Großen durchflochten ist, einen Trost für seine Unterwürfigkeit und Niedrigkeit. Es tröstet sich über die Verborgenheit, in welcher es lebt, wenn es siehet, wie jene ein Spiel des Glücks werden, oder wie Ihre Größe durch tausend Unruhen und tausend Gefahren erkaufet wird. Sind dergleichen Gedanken, welche das Volk von der Bühne nothwendig mit zurückbringen muß, nicht allerdings geschickt, ihnen ihr Joch gedultig ertragen zu helfen? Allein diese sind noch nicht die einzigen Vortheile der Bühne.

Wird nicht jeder Zuschauer, von was für Stande er auch seyn mag, von den großen und edlen Gesinnungen, die man dem Helden in den Mund

Mund legt, ermuntert und angefeuert werden? Ohne Zweifel erheben diese schönen Beyspiele die Seele, und erfüllen sie mit edler Nacheiferung, und alles dieses fällt am Ende zum Nutzen des Staats aus. Man bemerke die Veränderungen in den französischen Sitten seit einem Jahrhunderte, und man wird sie größtentheils dem Theater zuschreiben müssen. Die Zeiten der Corneillen, der Racinen, der Molieren ist die Zeit großer Männer gewesen. Die Ehre der Nation war dazumal auf dem höchsten Gipfel, weil die heldenmäßigen Gesinnungen, welche die Bühne hervorbrachte, sowohl den Muth des höhern und niedern Adels, als des Volks, anfeuerten und unterhielten. Wir müssen nun nur noch den mannigfaltigen Nutzen der Schauspiele in Absicht auf die Religion beweisen, ohne daß sie derselben den geringsten Nachtheil bringen.

Fast in jedem theatralischen Stücke setzt man eine alles regierende Vorsehung, die Unsterblich=

keit

keit der Seele, Strafen und Belohnungen jen=
seit des Grabes voraus. Man lehrt hier die
Ehrfurcht für die Götter, man zeigt gar deut=
lich den Unterschied, welchen die Tugend unter
den Menschen hervorbringt, und gemeiniglich
hängt von der Ausübung tugendhafter Gesin=
nungen das gute oder böse Schicksal der Helden
des Stücks ab. Die Tugend wird hier oft ge=
krönt, und ist sie unglücklich, so geschieht es
nur, um sie durch ihre Standhaftigkeit noch
mehr zu erheben, und ihre Würde durch die
Bewunderung der Zuschauer zu vermehren, die
fast allemal für die eingenommen sind, welche
unverschuldetes Unglück standhaft aushalten.
Die Erfahrung bestätiget dieses; denn gemei=
niglich haben diejenigen, welche die Bühne be=
suchen, mehr Rechtschaffenheit und Religion,
als diejenigen, welche sehr darwider schreyen.
Man bemerkt in den erstern gemeiniglich nur
Fehler, welche Folgen der menschlichen Schwach=
heit sind; allein, jene bittere Eiferer sind ge=

meini=

meiniglich Schwärmer oder Heuchler, welche in ihrem Innern die schädlichsten Laster für die Ruhe der menschlichen Gesellschaft nähren. Verleumdung, Treulosigkeit, unversöhnlicher Haß sind die gewöhnlichen Fehler dieser gefährlichen Scheinheiligen.

Neun und funfzigster Brief.

Danzig den 16. Aug. 1735.

Mein bester Freund,

Ihr letztes Geschenk ist mir so unerwartet gekommen, daß ich glaube, es ist eine Verrätherey meiner Anverwandten mit im Spiele gewesen. Eben da ich im Begriff war, meine nöthigen Spitzen zu kaufen, die unserm Geschlecht ganz unentbehrliche Zierde, eben in der Stunde erhalte ich solche von Ihnen. Sie haben sehr gut gewählt, und zeigen auch bey dieser Gelegenheit Ihren guten Geschmack, ich danke Ihnen doppelt dafür. Der ganze Reitz, den ich durch diesen Putz erhalte, soll Ihnen gewidmet seyn. Ihre Verse, liebster Freund, sind mir das angenehmste Geschenk. Sie kosten Ihnen am wenigsten, und ich gebe diesen den Vorzug vor allen Kostbarkeiten, die ich von Ihnen erhalten könnte.

Neun und funfzigster Brief.

könnte. Ich wünschte, daß Ihre Muse aufrichtiger spräche, und meinen Fehlern nicht immer so einen guten Anstrich gäbe. Sie haben den Sieg über den Tod mit Recht besungen, da dieser Menschenfeind Ihnen ein Leben nicht rauben dürfen, das nur Ihrentwegen die Verlängerung gewünscht hat. Ich danke Ihnen, daß Sie meinem Namen bey dieser Gelegenheit so viel Ehre gethan, und ihn zum Feldgeschrey Ihres Gedichtes gemacht haben *).

Meine Uebersetzung hat also Ihren Beyfall? Die Art, mit welcher Sie solche loben, übertrift alle meine Wünsche. So viel Mühe ich mir gegeben, vor den Augen eines so scharfsichtigen Kenners nicht voller Fehler zu erscheinen, so wenig hoffte ich doch, daß es mir ganz gelingen würde. Entschuldigen Sie die darinnen

---

*) Alle Gedichte, so bey dieser Gelegenheit verfertiget worden, sind in des Hrn. Prof. Gottscheds Schriften eingerückt, und deswegen hier nicht wiederholet worden.

O

nen noch befindlichen schwachen Stellen, in
Zukunft soll alles besser werden. Bleiben Sie
gesund, mein bester Freund, damit nichts unsere
baldige Zusammenkunft stöhre.

Kulmus.

Sechzigster Brief.

Danzig den 26. Febr. 1735.

Liebster Freund,

Bald werde ich einer = = gleichen, die mit
gereimten und ungereimten Schriften Sie über=
häuft. Ich hätte nicht geglaubt, daß Sie so
viel Gedult hätten, alle die Papiere durchzulesen,
die ich nur deswegen nach Leipzig schickte, weil
ich eben so viel Platz fand, sie gelegentlich mit
fortzubringen. Es sind Entwürfe, die ich noch
vor unserer Belagerung gemacht, davon ich aber
das meiste dem Feuer geopfert habe. Die
Lehren meiner Mutter habe ich aus Liebe für

Die=

Sechzigster Brief.

Dieselbe verwahret. Wie oft hat sie mir befoh¬
len, diese Blätter zu verbrennen, und wie oft habe
ich sie gebeten, mich dieses zu überheben? End¬
lich hat sie mir erlaubt, diese Schrift zu behal¬
ten, aber nie gestattet, daß solche durch den
Druck bekannt würde. Ich handelte also ganz
ihrem Willen und Absicht zuwider, wenn ich
dieses geschehen ließe.

Sie war von den reichen Seelen, die einen
Schatz besitzen, der ewig währet, und die nur
einen Zeugen im Himmel, ihres Verhaltens
wegen, brauchen und suchen. Ihre Lehren von
der Gottesfurcht, von der Sanftmuth, von der
Unschuld im Leben und Wandel, sind in mein
Herz gepräget. Ich bitte Gott, alle Bemühun¬
gen dieser rechtschaffenen Mutter an ihrer
Tochter zu segnen, so werden sie noch die
Früchte davon in unserer künftigen Ehe
erfahren.

Ihre Zimmer sind zu Ihrer Ankunft fertig
und bereit. Kommen Sie, bester Freund, und
sehen

sehen Sie alle Anstalten, die ich Sie zu empfangen, gemacht habe. Aber bringen Sie mir auch das édle, zärtliche, rechtschaffene Herz mit, ohne welches ich Sie selbst nicht zu sehen wünschte. Das Herz, dessen Besitz mir über alles geht; Ich erwarte dieses mit der zärtlichsten Ungedult.

Kulmus.

Ein und sechzigster Brief.

Danzig den 1. März 1735.

Bester Freund,

Sie haben Recht, daß Sie unsere Liebe eine philosophische Liebe nennen. Sie ist von den so oft gewöhnlichen Bündnissen, welchen man zwar auch diesen Namen beyzulegen pfleget, sehr unterschieden. Unsere Herzen waren einig, und wir hatten nicht an die äußerlichen Zeichen unserer Verlobung gedacht. Um andrer Willen, bestätig=

Ein und sechzigster Brief.

bestätigten wir unsre Verbindung auf die gewöhnliche Art; wie oft kann die genaueste Beobachtung der feyerlichsten Ceremonien den Bruch vieler Bündnisse doch nicht verhindern? wie oft geschieht es, daß diese, der erstern ohngeachtet, vor geistlichen und weltlichen Gerichten für nichtig erkläret werden? Wir sind dergleichen Zufällen nicht unterworfen. Wo die Herzen für einander geschaffen sind, sollte da wohl eine Trennung möglich seyn? Von Ihnen, mein tugendhafter Freund, hoffe ich das beste, und von mir versichere ich alles. Ich mag mich nicht einmal mit der traurigen Möglichkeit eines Unbestandes beunruhigen. Ich erwarte Sie mit Ungedult. Werden Sie auch alle meine, mit einer gewissen Oeconomie gemachten Anstalten billigen? Alle überflüßige Pracht, die nur allzuoft bey dergleichen Festen verschwendet wird, halte ich für ganz unnöthig. Zu einer wohleingerichteten Haushaltung gehöret nothwendig eine vernünftige Sparsamkeit,

und

und man kann nicht zeitig genug anfangen vorsichtig zu handeln. Wie viele verschwenden bey dergleichen Gelegenheit in wenig Stunden eines ganzen Jahres Einkünfte. Unser Hochzeittag soll nicht mehr als 100 Thlr. kosten. Mein Aufwand für ganz unentbehrliche Dinge, beläuft sich nicht viel höher. Wir haben eine weite Reise zu thun, und dabey ganz unvermeidliche Ausgaben. Wir müssen auf unsere Einrichtung in Leipzig denken, und dieses sind nöthige Erfordernisse, bey denen keine Ersparnis statt finden kann. Ich habe es also bey denen entbehrlichen und eingebildeten Nothwendigkeiten abzubrechen gesucht. Nicht mehr als achtzehn Personen sollen Zeugen von unserm Feste, die ganze Stadt aber von unserm Glücke seyn.

Im Fall Ihre würdigen Eltern Ihres Alters und Ihrer schwachen Gesundheit wegen nicht dabey zugegen seyn können: so erbitten Sie uns Ihren Segen, den Gott seinem treuen Knechte für

Zwey und sechzigster Brief.

für das Wohl seiner Kinder nicht versagen wird. Endlich wird nach langem Warten der glückliche Augenblick kommen, da ich Sie mit der reinstem Zärtlichkeit umarmen, und Ihnen mit der vollkommenstem Freude versichern kann, daß ich kein irrdisches Glück sonst kenne, als ganz die Ihrige zu seyn,

Kulmus.

Zwey und sechzigster Brief.

Danzig den 12. März 1735.

Mein erzürnter Freund,

Sie sind unwillig, daß ich dem Feuer aufgeopfert, was nicht aufbehalten zu werden verdiente? Alle diese unnütze Schriften, worunter ich auch die Prinzeßin von Cleve rechne, waren nicht werth, Ihnen vorgelegt zu werden.

Zwey und sechzigster Brief.

Ich glaubte Ihnen selbst einen Gefallen durch die Vernichtung dieser Maculatur zu erzeigen, und darum habe ich dis Freudenfeuer angezündet. Wäre es wohl erlaubt, daß eine Person, die Ihnen so eigen zugehörte, als ich, der Welt solche sehr geringe Schriften lieferte? Ich hoffe, daß Sie, in Betrachtung dieses einzigen Umstandes, sich besänftigen werden.

Diesmal bin ich doch mit den Eingebungen Ihres treuen Hausgeistes zufrieden. Er hat Sie verleitet einen Abdruck von dem Sieg der Beredsamkeit, den ich der Herzogin von Curland zugedacht, sauber einbinden zu lassen. Ich fürchtete die Plauderhaftigkeit der hiesigen Buchbinder; und ich hätte nicht gerne gesehen, wenn es erst von den meisten andern Einwohnern wäre gelesen und beurtheilet worden, ehe es vor die Augen der Herzogin gekommen wäre. Die Freude ist sehr groß, so Sie mir auf diese Art gemacht, und ich danke Ihnen

Zwey und sechzigster Brief.

Ihnen auf das verbindlichste dafür. Dergleichen Gefälligkeiten haben einen großen Reitz für mich; ich nehme sie ohne Weigerung an, und ziehe sie allen überschickten Kostbarkeiten weit vor.

Dieses ist vielleicht der letzte Brief, den ich an Sie nach Leipzig schreibe. Er wird noch zu rechter Zeit ankommen, Ihnen die glücklichste Reise und die baldigste Ankunft in meinem Nahmen zu wünschen. Fünf gramvolle Jahre einer langen harten Prüfung sind vergangen. Aber wie lange, wie lange werden mir die wenigen Tage bis zu Ihrer Ankunft dauern? Freude und Ungedult wechseln unaufhörlich mit einander ab, und meine Wünsche sind Ursache, wenn die Räder Ihres Wagens geschwinder als sonst rollen. Sie sagen, Sie wünschen sich Flügel, ich thue ein gleiches, auf diese Art muß Ihre Reise sehr schleunig geendiget werden. Ihre theuresten Eltern erwarten noch einen Zuspruch von Ihnen, den Sie Ihnen nicht abschlagen können. Eilen Sie, eilen Sie, mein bester Freund, die sehnende Ungedult dieses würdigen Paares, und meine Wünsche zu befriedigen. Mit gerührtem Herzen, mit offenen Armen, mit dem heitersten Gesichte werde ich Sie empfangen, und mit Freudenthränen Ihnen versichern, daß nichts als der Tod unsere Liebe trennen soll.

Kulmus.

Drey und sechzigster Brief.

Danzig den 4. April 1735.

Mein unschätzbarer Freund,

Ich danke Ihnen von ganzem Herzen für Ihr Andenken, zu einer Zeit, da ich glaubte, das Vergnügen Ihre würdge Eltern zu sehen, würde Sie an nichts weiter denken lassen. Nichts auf der Welt kann mich über Ihre Abwesenheit zufrieden stellen. Dieses aber soll Sie nicht unruhig machen. Es ist nichts billiger, als daß ich Ihren besten Eltern auch etwas aufopfere, da ich das besitze, was diesem würdigen Paare das theuerste und schätzbarste ist. Ich will die kurze Zeit Ihrer Abwesenheit mit Geduld ertragen. Bleiben Sie, liebster Freund, die wenigen Tage von mir entfernt, denken Sie aber auch dabey an mich. Erzählen Sie unsern liebsten Eltern, wie aufrichtig ich sie verehre

und

und hochschätze, und wie zärtlich ich Sie, mein bester Freund, liebe. Diese Gesinnungen sind die sichersten Aufseher ihrer Victorie, und werden sie besser in Acht nehmen, als alle andere, denen Sie diese Aufsicht übertragen könnten.

Morgen erwarte ich Sie mit Freuden. Empfehlen Sie mich Ihrer Gesellschaft, und kommen Sie bald, vergnügt, gesund, und ja bald, in die Arme Ihrer zärtlichen und treuen Braut zurücke.

Kulmus.

Vier und sechzigster Brief.

An den Hrn. von Steinwehr.

Danzig 1735.

Hochwohlgebohrner Herr,

Sie beehren mich mit einem mir ungemein schmeichelhaften Schreiben. Ich habe dieses Glück meinem Freunde in Leipzig zu danken, und ich wünschte mir einen Theil seiner Wohlredenheit, um Ew. Hochwohlgeb. in Ausdrücken, die Ihrer eignen Stärke in der Beredsamkeit nicht ganz unwürdig wären, meine Hochachtung versichern zu können. Jetzt danke ich Ihnen in ganz gewöhnlicher Schreibart auf das verbindlichste für den Antheil, den Sie an meinem Glücke nehmen. Ich empfinde den Werth desselben täglich mehr, und täglich wiederhole ich den Wunsch, mich dessen und des Beyfalls aller Gönner und Freunde meines

gelieb=

geliebten **Gottsched**s immer würdiger zu machen. Fahren Sie fort, hochzuehrender Herr, uns beyderseits Ihre Freundschaft zu erhalten. Es ist dieses die erste Bitte, die ich an Sie ergehen lasse, und dieser füge ich die Versicherung bey, daß ich nie aufhören werde mit der vollkommensten Hochachtung zu seyn

E. H.

gehorsamste Dienerin
Kulmus.

Briefe
der Frau Gottsched
nach Ihrer Verheyrathung
an verschiedene Personen.

Fünf und sechzigster Brief.
An die Freyinn von Fr.

Leipzig den 25. Jul. 1735.

G. F.

Ich bin beschämt, daß ich so spät Ew. Hochwohlgeb. Nachricht von meiner Ankunft in Leipzig gebe; ich bin aber auch von Ihrer Gütigkeit überzeuget, daß Sie mir diesen

Fehler

Fehler verzeyhen werden. Die Veränderung des Standes, meine Reise, die ganze Einrichtung an einem fremden Orte, den man mit seiner Vaterstadt verwechselt, alles dieses giebt Verhinderungen von verschiedener Art, daß man sich oft selbst vergißt, und die nöthigsten Pflichten verabsäumet. Endlich sollen doch Ew. H. erfahren, daß ich noch lebe, daß ich mich in dem vortreflichen Leipzig wohl, sehr wohl befinde, und in meiner Ehe die glücklichste und beste Wahl getroffen habe. Ich beschäftige mich recht nach meiner Neigung. Mein Freund hat selbst einen guten Vorrath der besten Bücher, und alle große Büchersammlungen sind zu seinem Gebrauch offen. Bedenken Sie einmal, wie viel ich Zeit und Gelegenheit zum Lesen habe; ich will mir auch gewiß alle diese Vortheile zum Nutzen machen. Nur meine Muse ist noch nicht erwachet, die Muse, von der Ew. H. glaubten, sie würde niemals stille schweigen. So viel ist gewiß, ich werde sie schlafen lassen,

bis

Fünf und sechzigster Brief.

bis zu Ihrem Beylager, meine theure Baroneſſe. Aber alsdenn ſoll ſie alle die Vollkommenheiten der reitzenſten Braut in der erhabenſten Sprache, die ihr nur möglich iſt, ſchildern.

Jetzt will ich Ihnen noch was von Leipzig ſagen. Es iſt ein angenehmer, ſchöner Ort; ſo klein er iſt, ſo viel reitzendes hat er in ſeiner Ringmauer ſowohl als außer derſelben. Die ſchönſten Gärten gehören den hieſigen Kauf=leuten, und ein Spaziergang längſt der Pleiße iſt einer der angenehmſten um die Stadt. Die Leipziger ſind ſehr beſcheidene, geſittete Leute; alles, bis auf die geringſte Art Men=ſchen, beſitzen ein, ich weis nicht, was, das man an andern Orten nicht findet, und nur den Sachſen eigen ſeyn ſoll. Sobald ich etwas mehr als bisher geſehen habe, ſo will ich Ihnen mehr ſchreiben. Ich warte mit Ungedult auf die Meſſe, in welcher ich Nachricht von Ihnen erhalten ſoll. Wie ſehr würde ich mich freuen, wenn ich Ew. H. näher wäre, und oft in Ihrer

P   Geſell=

Gesellschaft seyn könnte. Ein Vorzug, den ich vor einiger Zeit gehabt, den ich gewiß zu schätzen gewust, den ich aber leider auf meine ganze künftige Lebenszeit entbehren muß. Leben Sie wohl und glücklich, theuerstes Fräulein! Ich thue für Ihr Wohl die aufrichtigsten Wünsche. Sie haben mir die Erlaubniß gegeben, Ihnen oft zu schreiben, und ich werde mich dieser bedienen, denn ich kann Ihnen nicht oft genug die vollkommene Hochachtung versichern, mit welcher ich beständig seyn werde

E. H.

gehorsamste Dienerin
Gottsched.

Sechs und sechzigster Brief.

An die Freyfrau von Kielmannsegg.

Leipzig den 15. Aug. 1735.

Gnädige Frau,

Ich folge dem Befehl, den Sie mir ertheilet, Ihnen Nachricht von meiner Ankunft in Leipzig zu geben. Verzeyhen Sie, gnädige Frau, daß ich zwey Monate vorbey streichen lassen, ohne mich an die Erfüllung dieser mir so angenehmen Pflicht zu erinnern. Soll ich von der Schilderung des Glücks anfangen, das ich in der Gesellschaft eines gelehrten und aufrichtigen Mannes genieße; oder soll ich Ihnen die Vorzüge erzählen, welche Leipzig für vielen andern Städten berühmt machen? Ich sehe, gnädige Gönnerin, Sie wünschen gleich im Anfange etwas von mir zu erfahren. Ich bin gesund, vergnügt, und recht, nach meiner Neigung, glücklich. Unsere

sere Beschäftigung sind, so wie unsere Gedanken, immer gleichförmig. Wir lesen sehr viel; wir machen über jede schöne Stelle unsere Betrachtung; wir theilen oft zum Schein unsere Meynung, und bestreiten einen Satz, bloß um zu sehen, ob die Meynungen gegründet sind, die wir von unsern Schriften fassen. Ich werde täglich die geringe Anzahl meiner Kenntnisse gewahr, und entdecke immer mehr Mängel meines Verstandes. Nichts, als der Wille alles zu verbessern, kömmt jenem gleich. Abdisons Cato ist jetzt noch einmal unter die Feder genommen, und er soll soviel möglich von allen Fehlern befreyet werden. E. G. wissen, daß der Anfang schon in Danzig gemacht war.

Ich komme auf Leipzig, und seine Annehmlichkeiten. Es gefällt mir sehr. So klein als der Ort in seiner Ringmauer ist, so reinlich sind die Straßen, und wohlgebaut die Häuser. Die Lebensart der Einwohner ist artig und einnehmend, ein Lobspruch, den die Sachsen sich fast

durch=

Sechs und sechzigster Brief.

durchgängig erworben haben. Die hohe Schule ist zahlreich, und die vielen Fremden, so sich hier befinden, bringen der Stadt Nahrung und Ehre. Leipzig hat schöne Kirchen und gute Prediger, ein Vorzug, der in meinen Augen sehr wichtig ist. Der Handel ist in großem Flor, und es fehlet dieser Stadt nichts als ein schiffbarer Fluß, um mit den größten Handelsstädten um den Vorzug streiten zu können. Die Gärten sind schön, und für die Gärtner einträglicher als für die Eigenthümer.

Es bleibt dem menschlichen Witz, und der menschlichen Neugier wenig zu verlangen übrig, das in Leipzig nicht zu haben wäre. Wollen Sie mich mit Ihren Befehlen beehren, so werde ich solche mit dem größten Vergnügen ausrichten, und alle Gelegenheiten suchen E. H. von der ehrfurchtsvollen Hochachtung zu überzeugen, mit welcher ich beständig seyn werde

E. H.

gehorsamste Dienerin
Gottsched.

Sieben und sechzigster Brief.

An die Frau von K***.

Leipzig den 12. Febr. 1736.

Hochwohlgebohrne Frau,

Ew. H. beschämen mich mit der so gütigen und wiederholten Erinnerung, Ihnen öfter zu schreiben. Ich muß bekennen, daß ich alle meine Stunden so eingetheilt habe, daß mir nur sehr wenige zu diesem Geschäfte, einem der angenehmsten meines Lebens, übrig bleiben. Um Ihnen aber Rechenschaft von meinen Beschäftigungen zu geben, so muß ich sagen, daß ich noch eine Schülerin geworden bin. Ich finde, daß die lateinische Sprache ganz unentbehrlich ist, wenn man die alten Schriftsteller völlig kennen will. Mein Gottsched wünscht, daß ich auch diese gründlich verstehen möchte. Er hat mir also den Vorschlag gethan, gewisse Stunden

Sieben und sechzigster Brief.

auf ihre Erlernung zu wenden. E. H. sind mein Vorbild bey dieser Bemühung. Ich wünsche eifrig Ihnen nachzukommen, und halte die Kenntniß der lateinischen Sprache für nothwendig, seit Sie mich überzeuget haben, daß man mit der Latinität bekannt seyn könne, ohne pedantisch zu seyn und zu scheinen. Darf ich wagen, Ihnen hierbey einen Abdruck von meiner Uebersetzung des Cato zu überreichen, da Sie dieses schöne Stück in seiner Grundsprache lesen, und Abbison oft bewundert haben? Ich werde mich freuen, wenn ich Ihren Beyfall erhalte. Hin und wieder finde ich, daß Verbesserungen nöthig sind. Sollte eine zweyte Auflage gemacht werden, so werde ich vieles ändern. Ich bin jetzt mit einer Arbeit beschäftiget, darüber ich E. G. zu meiner Richterin wählen werde. Es soll eine deutsche Ausarbeitung, und eine Nachahmung der Frau von Gomez seyn. Diese hat den Sieg der Beredsamkeit zugetheilet: ich habe mich für die

Philosophie erkläret, und habe den **Triumph der Weltweisheit** unter der Feder. Der Anfang ist gemacht, da ich aber durch verschiedene andere Arbeiten gehindert werde, möchte es nicht so bald zu Stande kommen. Die Erlernung der lateinischen Sprache raubt mir viele Stunden.

Nichts aber soll mich abhalten, E. H. von Zeit zu Zeit Nachricht von meinen Beschäftigungen zu geben. Ich bitte mir die Dauer Ihrer Wohlgewogenheit aus, und bin mit der vollkommensten Verehrung

E. H.

gehorsamste Dienerin

Gottsched.

Acht und sechzigster Brief.

An die Freyfrau von K***.

Leipzig den 14. Nov. 1736.

Hochwohlgebohrne Freyfrau,

Nein, gnädige Frau, die Vorsehung hat noch nicht für gut befunden, mich mit einem Kinde zu begnadigen. Ich würde es gewiß als ein Geschenk des Himmels ansehen, allein auch im Fall ich keins von ihm erhalten soll, ergebe ich mich in dem Willen Gottes. Ich habe oft gehöret, daß nichts schwerer sey, als Kinder zu erziehen, und gut zu erziehen: wer weis, ob ich die Geschicklichkeit besitze, die dazu erfordert wird? Ich will, im Fall mir die Vorsehung diese Wohlthat, aus weisen und mir ersprießlichen Absichten, versagen sollte, mich desto eyfriger bemühen, meinen Beruf auf andere Art treulich zu erfüllen. Ich arbeite viel, und lerne

lerne noch mehr. Ich übe mich in der Musik, und möchte wo es möglich, mich in der Composition festesetzen. An allen diesen würde ich verhindert werden, wenn ich ein Kind hätte, denn auf dieses würde ich meine ganze Zeit verwenden. Doch, da noch alles möglich, verspreche ich E. Gnaden einen Gevatterbrief, aber das Kind müßte auch einige, nur einige Vollkommenheiten von Ihnen erhalten. Ich bin mit aller Ehrfurcht

E. H.

gehorsamste Dienerin
Gottsched.

Neun und sechzigster Brief.

Leipzig den zweyten Tag nach meiner
Wittwenschaft 1737.

Mein lieber Mann,

Die Glocke schlägt eben fünfe, und das Verlangen nach einem Brief von Ihnen, weckt mich schon früh aus dem Schlafe, worinne Sie vielleicht noch tief vergraben liegen, ohngeachtet ich mich erst um 1 Uhr zur Ruhe begeben habe. Ich kann mir diese Schlaflosigkeit nicht besser zu Nutze machen, als mit der mir einzig werthen, und einzig geliebten Person auf der Welt, zu unterhalten. Ich muß gestehen, daß ich, so lange ich lebe, nicht so viel Unruhe und Furcht ausgestanden, als seit dem traurigen Augenblicke Ihrer Abreise. Ach! mein geliebter Mann, mein zärtlicher Freund! was ist Ihnen alles auf dieser Reise begegnet? Was haben Sie für
Wetter,

Neun und sechzigster Brief.

Wetter, was für Weg gehabt? Ich zittre für jedem Schlag, den Sie in Ihrem Wagen, bey dem sehr üblen Wege mögen empfunden haben; und ich habe niemals geglaubet, daß die Zärtlichkeit unsers Geschlechts so schwach seyn könnte, sich über alle, über die geringste Kleinigkeiten zu beunruhigen. Geben Sie mir doch so bald als möglich Nachricht von Ihrer Ankunft in Dresden. In der besten Welt muß man über das, was uns am liebsten ist, sehr lange in Ungewißheit leben. Mein Herz kann sich in diesem Stücke mit der Wolfischen Philosophie nicht vereinigen. Sagen Sie aber dem Herrn M = = r. ja nichts von meiner Schwäche: Dieser möchte zur Vertheidigung der gerechten Sache Sie noch öfterer nach Dresden berufen. Kaum spreche ich mit Ihnen, mein Bester, so wird mein ganzes Gemüth heiter, und kaum lege ich die Feder nieder, so versinkt es in seine vorige Traurigkeit. Vermehren Sie diese kurze Heiterkeit durch baldige Nachricht von der Dauer Ihres Wohlbefindens

dens, und Ihrer Liebe gegen mich. Zehn= und mehrmal will ich abbrechen, um Ihnen alle Empfindungen meiner Seele, bey jeder Zeile darüber zu schreiben. Dieses ist noch das einzige Mittel, mir Ihre Abwesenheit einigermaßen erträglich zu machen. Leben Sie wohl, mein geliebter Mann, aber denken Sie auch abwesend an Ihre zärtliche und treu ergebne

Louise.

Siebenzigster Brief.

Leipzig den vierten Tag meiner
Einsamkeit 1737.

Mein allerliebster und bester Freund,

Ihr vortreflicher Brief, den ich heute früh erhalten, hat mir einen sehr angenehmen Morgen zuwege gebracht. Ich freue mich herzlich über Ihr Wohlseyn, und daß Ihnen alle Ihre Verrichtungen, alle Ihre Zerstreuungen noch so viel

Siebenzigster Brief.

viel Zeit laſſen, Ihrer zärtlichen, Ihrer über Ihre Abweſenheit klagenden Frau, ſo viel, und ſo viel angenehmes zu ſchreiben. Sie haben mir befohlen alle Briefe zu erbrechen, und nur die wichtigſten Ihnen zu ſchicken. Ich habe alſo gethan, was ich mich ſonſt nicht erkühnet hätte, und lege hier ein erbrochenes Schreiben von Hrn. P. bey. Sein ſcherzhafter Ton wird Sie zum Lachen bewegen, und eben darum ſchicke ich Ihnen dieſen Brief. Ich habe noch nichts zu unterſchreiben gehabt, abſente marito. Ich habe noch keinen Brief von Danzig erhalten, und nur einen, einen einzigen von Dresden.

Ihre Frau befindet ſich wohl, ſie ißt für dreyßig Perſonen, (die nicht viel Appetit haben:) und es ſcheint, als ob ſich ihr Magen über ihren Gemüthskummer tröſten wollte. Die angenehme Geſellſchafterin, zu welcher mir die gütige Frau Werner*), während Ihrer Ab=
weſen=

---

*) Die berühmte Hofmalerin, welche jederzeit eine wahre Freundin des Gottſchediſchen Hauſes geweſen, und aus Danzig gebürtig war.

wesenheit verholfen, wendet alle Heiterkeit ihres aufgeweckten Geistes an, meine Traurigkeit zu zerstreuen. Aber nichts, nichts kann mich über die Trennung von meinem einzig geliebten Freund ganz zufrieden stellen; ob ich gleich die Verbindlichkeiten, die ich dieser angenehmen mitleidigen Freundin schuldig bin, nie vergessen werde. Bis zu Ihrer Rückkunft bleibe ich immer die traurige, die unzufriedene

Adelgunde.

Ein und siebenzigster Brief.

Leipzig 1737.

Mein allerbester Mann,

Nach Ihrem Willen soll ich heiter, vergnügt, zufrieden seyn. Sagen Sie mir wie ich es anfangen soll, da ich von Ihnen getrennt bin. Sie trösten mich als Philosoph, diß sieht Ihnen, und der Würde, die Sie bekleiden,

den, sehr ähnlich. Ich klage, seufze, weine, wünsche, und dieses ist wieder einer zärtlichen, von ihrem Manne getrennten Frau, sehr natürlich. Wir haben beyde Recht. Sie würden bey Ihren wichtigen Verrichtungen eine sehr lächerliche Rolle spielen, wenn Sie traurig und niedergeschlagen darüber seyn wollten, daß es Ihr Beruf erfordert, sich einige Wochen von Ihrer Gattin zu trennen. Bin ich nicht sehr reich an Erfindungen, mich über Ihre Abwesenheit zu trösten? Gleichwohl versichere ich Sie, mein bester Mann, alle diese Eingebungen meiner Vernunft thun nicht den geringsten Eindruck auf mein Herz. Dieses leidet, und leidet ganz allein.

Sie verlangen Neuigkeiten zu wissen, und ich kann Ihnen keine sagen. Das üble Wetter hat uns bisher immer noch verhindert, die Gärten zu besuchen. Es scheint, als wenn alles mit mir trauerte, um mich meines Verlusts immer mehr erinnerlich zu machen.

Der

Ein und siebenzigster Brief.

Der verehrungswürdigen Frau Werner bin ich für alle Freundschaft, die sie Ihnen und mir erzeiget sehr verpflichtet. Nehmen Sie alle Ihre Beredsamkeit zu Hülfe, ihr in meinem Namen für den guten Einfall zu danken, der mir das einzige Mittel verschaffte, was den Gram über Ihre Abwesenheit einigermaßen lindern kann. Ich wünsche Ihnen, liebster Gottsched, alle die Gelassenheit, die mir fehlet, und die einem Mann, einem Philosophen so anständig ist. Lassen Sie mir meinen geheimen Kummer, der eine gar zu gute Quelle hat, als daß ich ganz gleichgültig zu seyn, mir wünschen möchte. Ich werde bis zu Ihrer Zurückkunft eben so gewiß Ihre traurige, als bis zu dem letzten Augenblick meines Lebens Ihre zärtliche Frau seyn

Adelgunde.

Zwey und siebenzigster Brief.

Leipzig 1737.

Mein liebster Gottsched,

Ich danke Ihnen für die öftern Nachrichten die Sie mir geben, um mich über Ihr Befinden zu beruhigen. Der letzte Brief ist mir ungemein lieb gewesen, da ich sowohl die Versicherung Ihrer Zärtlichkeit, als auch Ihrer baldigen Rückkunft darinnen gefunden. Wenn es möglich wäre, sich über eine Sache, die erst geschehen soll, so lebhaft zu freuen, als wenn sie bereits gegenwärtig ist; so wäre ich außer mir für Freuden über Ihre baldige Ankunft gewesen. Aber Sie mangeln mir immer noch, und ehe ich nicht meinen geliebten, besten Freund umarme, ehe bin ich nicht froh. Ich bin fleißig, um mich zu zerstreuen. Mein Lehrmeister *) wird mir das beste

---

*) Dieses war damals der noch lebende Herr Professor Schwabe in Leipzig.

beste Zeugniß geben. Ich wünschte alle Sprachen zu wissen, um in allen Sprachen Ihnen meine Liebe, meine Zärtlichkeit zu versichern. Leben Sie wohl, mein geliebter Mann, kommen Sie bald, in die Arme Ihrer über Ihre Ankunft sehr vergnügten

Victoria.

Drey und siebenzigster Brief.

An die Frau Werner in D.

Leipzig 1737.

Hochzuehrende Frau,

Die Höflichkeit, so Sie meinem Freund erzeiget haben, ist so ausnehmend groß, daß ich solche unmöglich mit Stillschweigen übergehen kann. Ich danke Ihnen, gütigste Freundin, mit gerührtem Herzen dafür, und wünsche nur eine Gelegenheit, Sie in eben dem Grade zu ver-

verbinden; alsdenn, und nicht eher, werden Sie die Empfindungen meines Herzens recht lebhaft erfahren. Ihre Gütigkeit hat sich auch auf mich erstreckt. Sie haben mir die artigste Gesellschafterin verschafft, und mir die Trennung von meinem Freund dadurch erträglicher gemacht. Wir haben unsre Stunden und Tage sehr gut zugebracht. Bald hat uns das Lesen nützlicher und angenehmer Bücher, bald die Musik, bald die Gesellschaft einiger Bekannten und Freunde unterhalten, und die Zeit ist unvermerkt verstrichen. Ich wünschte, daß wir beyde so glücklich gewesen, von Ihnen bemerkt zu werden, welche anmuthige Grouppe hätte der vortrefliche Griffel einer Wernerin nicht entwerfen können. Der geringste Gegenstand wird unter der Hand eines großen Meisters wichtig.

Ich wünsche recht eifrig, das schöne Dresden und alle seine Merkwürdigkeiten zu sehen. Ich habe die Beschreibung der vortreflichen Gebäude, des grünen Gewölbes, der königlichen Lustschlösser

Drey und siebenzigster Brief.

schlösser, und alles, was diese Residenz herrlich macht, recht mit Entzückung, theils gelesen, theils aus dem Munde meines Freundes gehöret. Welch Glück für die Künste und schönen Wissenschaften, die von einem August beschützet und genähret werden. Aber auch Dresden allein wird die hohe Schule der Mahlerey und der Musik bleiben, so lange der Regent diese beyden schönen Künste durch seinen Beyfall und Belohnungen unterstützt und anfeuert.

Ich bin mit der vollkommensten Hochachtung und zärtlichsten Freundschaft Ihnen ergeben,

Gottsched.

Vier und siebenzigster Brief.

1739.

Hochgeehrtester Herr,

Ew. Hochedelgeb. verlangen meine Beschäftigungen zu wissen, und ich bin bereit Ihnen Rechnung von der Anwendung meiner Zeit abzulegen. Cornelia, das schöne Trauerspiel der Demoiselle Barbier*) hat meinen ganzen Beyfall an sich gezogen, ich habe die Uebersetzung unternommen, und mir alle Mühe gegeben das Original zu erreichen. Die große Tochter Scipions des Africaners, die vortrefliche Mutter der Gracchen, die Ehre ihres Geschlechts, hat mich schon längst gereizet ihr erhabnes Beyspiel, und ihren tugendhaften Wandel, auch den Dentschen bekannter zu machen,

---

*) Dieses Stück ist in den 11ten Band der deutschen Schaubühne zu finden.

Vier und siebenzigster Brief.

machen, und dieselben zur Nachahmung der großmüthigsten Römerin anzufeuern. Möchte das deutsche Theater es doch dem französischen nachthun, so werden die Auftritte dieser edlen Römerin mit dem Consul Lucinius die republicanischen Gesinnungen der ersten, in ihrer ganzen Stärke, zeigen, die ich mit aller Sorgfalt zu übersetzen, mich bemühet habe. Die Alzire des Hrn. v. Voltaire soll nunmehro vorgenommen werden, und E. H. sollen von Zeit zu Zeit Nachricht von dem Fortgang meines Unternehmens erhalten.

Gottsched.

Fünf und siebenzigster Brief.

Schreiben der Wahrheit
an Se. Hochgebohrne Excellenz
dem Hrn. Reichsgrafen v. Manteufel
bey
Uebersendung einer deutschen Uebersetzung
von **Plutarchs** Schrift: daß ein Weltwei-
ser hauptsächlich mit Königen und Fürsten
zu thun habe.

den 22. Jul. 1740.

Du wunderst Dich vielleicht gepriesner Mäcenat,
Warum Die Wahrheit Dir noch nicht geschrieben hat?
Wie, da Dein hoher Geist ihr Wachsthum
täglich treibet, *)

Sie

---
*) Der hochsel. Graf hatte die Alethophilische Gesell-
schaft in Berlin gestiftet.

Fünf und siebenzigster Brief.

Sie Dir den treuen Dank so lange schuldig
bleibet?
Allein ich habe mich der Sprache fast ent‍
wöhnt,
Seitdem die Welt mich haßt und meine Früchte
höhnt;
Seit meine Feinde mich von Hof und Stadt
getrieben,
Und mir nur hier und da ein redlich Herz ge‍
blieben.
Ich schweige, daß Dein Amt und Deines
Standes Pracht
Noch mehr als alles dieß, mich blöd und
scheu gemacht.
Wer ist es doch gewohnt, daß Große dieser
Erden,
Voll Einsicht und Verstand der Wahrheit
Freunde werden?
Die durch Geburt und Glück dem Fürst zur
Seite gehn,
Die pflegen meinen Werth sehr selten einzu‍
sehn;
Und wenn sie für den Flor vertrauter Länder
wachen,

Der Wahrheit Grillenwerk nur spöttisch aus-
zulachen.
Dieß hat mich, großer Graf, bisher noch
abgeschreckt:
Der Staatsmann hatte mir den Wahrheits-
freund verdeckt.
Doch hab ich Dich geliebt, und schon aus
Deinen Thaten,
Womit Du Fürsten dienst, und Ländern hast
gerathen,
Den hohen Geist bemerkt, den nichts Gemei-
nes rührt,
Und den ein Weisheitstrieb zu meiner Quelle
führt:
Zum höchsten Wesen selbst. Hier hab ich dich
gelehret,
Wie mancher Irrthum noch, der Sachen Werth
verkehret;
Den Schöpfer selber schmäht, und ihn aus
Unbedacht,
Zum Ursprung aller Noth, und alles Uebels
macht.
So hast Du, großer Graf, Dein Wissen stets
vergrößert,

Und

Fünf und siebenzigster Brief.

Und Dein erhabnes Herz, wie Dein Ge-
    schlecht verbessert.

Erlauchter, denke nicht, daß dieses Heu-
    cheley,
Und jede Zeile nicht von mir entsprungen sey.
Die Wahrheit schreibt dieß Blatt, und nicht ein
    knechtisch Heucheln;
Die nie geschmeichelt hat, die wird auch Dir
    nicht schmeicheln.
Man sieht Dich als den Schutz von allen
    Künsten an:
Ists möglich, daß ich mich des Danks ent-
    brechen kann?
Man sieht Dein eifriges, Dein redliches Be-
    mühen,
Die Menschen aus dem Schooß des Vorur-
    theils zu ziehen.
Wenn solch ein Arm mich stützt und meine
    Würde zeigt,
So wird mir jedes Herz und jede Brust ge-
    neigt.
So wird kein Großer mehr sich meiner Lehren
    schämen;

So werd ich Ehr und Glanz wie vormals
übernehmen.

Was ist doch wohl ein Mensch, dem mein
Erkenntnis fehlt?
Ein unvernünftig Thier, das Wahn und Blind=
heit quält;
Ein Knecht der Sinnlichkeit, der seine Jahre
kürzet;
Und eh er sichs versieht, in Gruft und Un=
glück stürzet.
Ein Freund der Tyranney, die alles das ver=
dammt,
Was nicht aus ihrem Sinn, aus ihrer Lehre
stammt.
Die, was sie nicht versteht, aus Bosheit un=
terdrücket,
Die Weisheit stets bekriegt, und in der Blüth
ersticket.

Was war wohl Schuld daran, daß ein
verblendtes Land,
Zuerst das Gaukelspiel des Götzendiensts er=
fand?

Vor

Fünf und siebenzigster Brief.

Vor Kälbern niederfiel, vor Mond und Sonne
    tanzte,
Und seiner Schande Maal bis auf die Nach-
    welt pflanzte:
O! hätte sein Verstand mein innres Wort gehört,
Wie schleunig hätte sich dieß tolle Thun verkehrt!
Wie tief hätt ich den Satz in seine Brust ge-
    schrieben:
Ein Gott ist Herr der Welt, und diesen
    mußt du lieben.

Doch, wenn ein blinder Mensch ohn alle
    Lehren irrt:
So ist es ein Versehn, was sonst zum Laster
    wird.
Wie aber, soll man die nicht ungleich ärger
    hassen,
Die meinen Werth gesehn, und meine Bahn
    verlassen?

Hier klag ich, großer Graf, blos unsre
    Zeiten an,
Wo weder die Vernunft, noch Wahrheit
    siegen kann;

Der

Der eine kennt mich nicht, und mag mich
 auch nicht kennen,
Der andre scheuet sich, sich meinen Freund
 zu nennen.
Den nimmt die Finsterniß der Alterthümer ein;
Wer Wolfens Schüler ist, muß gleich ein
 Ketzer seyn;
Er wiese gern die Welt, um meinen Flor zu
 hemmen,
Zu der verworfnen Schaar von den getrenn-
 ten Stämmen.

Dieß, dieß hat mich gequält; doch da Du,
 Graf, erwachst,
Und auch durch Deinen Kiel mein Ansehn
 schöner machst:
So wächst mein matter Muth, den Neid und
 List bekämpfen,
So will ich mit der Zeit auch meine Feinde
 dämpfen.

Ich sehe schon voraus, daß mir mein
 Wunsch gelingt,
Daß Wahrheit und Vernunft die Finsterniß
 durchdringt?

Und

Fünf und siebenzigster Brief.

Und ist mir nicht bereits in Friedrichs weiten Staaten
Ein ungleich schönrer Sieg, als irgendswo gerathen?
Die Stadt, wo alles jauchzt, wo Mars und Pallas blühn,
Die Königliche Stadt, das prächtige Berlin
Ahmt seinen Fürsten nach, und ehrt mit edlen Trieben,
Was die Vernunft uns lehrt, und sucht es auszuüben.
O wem vergleicht man dich, du Preiß der deutschen Welt!
Wenn sich der Wahrheit Sitz in deinen Mauren hält?
Wofern kein Wankelmuth den weisen Eifer wendet,
Und ein gleich starker Trieb das schöne Werk vollendet.

Geprießner Mäcenat! Hier sieht mein treuer Blick
Auf Dich und Deinen Fleiß mit Dankbegier zurück.

Du

Fünf und siebenzigster Brief.

Du hast zu meinem Flor, der sich anjetzt ver=
neuet,

Vorlängst mit weiser Hand den Saamen aus=
gestreuet.

Und da Dich Dein Geschick den Fürsten zu=
gesellt,

Zuerst in ihrer Brust den Wohnplatz mir be=
stellt.

Denn, wenn erst Könige mir Weg und Mittel
bahnen,

So folgt mein größter Flor bey allen Unter=
thanen,

Weil immer sich ihr Trieb nach jener Beyspiel
mißt,

Und Länder weise sind, wenn es ihr König ist.

Sehr selten kann mein Kiel der Großen
Lob beschreiben;

Dir wird durch Dein Verdienst der Vorzug übrig
bleiben.

Da soll die Nachwelt Dich in stetem Glanze
sehn;

Da wird die Weisheit Dich, so wie Du sie
erhöhn.

Und

Fünf und siebenzigster Brief.

Und gehen Dir gleich Wolf und Reinbeck
    an der Seiten,
So sind sie würdig gnug, Mäcenen zu begleiten.
Wer sich mit treuen Fleiß zur wahren Tugend
    kehrt,
Ist allen Großen gleich, und Kron und Zepter
    werth.
Und wer durch Lehren erst, den Menschen Mensch
    seyn lehret,
Geht dem Gekrönten vor, den nur das Schmei=
    cheln ehret;
Doch innerlich die Furcht von meinem Urtheil
    schreckt.
Es ist der Weisen Pflicht mit Fürsten umzugehen.
Dieß hat vorlängst **Plutarch**, mein Schüler,
    eingesehen.
Hier schick ich Dir sein Blatt, und wünsche
    nur dabey,
Daß es Dir angenehm und überzeugend sey.
Und daß für meinem Flor Dein Eifer ferner
    wache,
Der Fürsten Antrieb sey, und Staaten glücklich
    mache.

R   Sechs

Sechs und siebenzigster Brief.

1740.

Hochgeehrtester Herr,

Was soll ich Ihnen von uns und unserm Befinden sagen? Es ist immer einerley, voller Unruhe und wenig Muße. Eine neue Beschäftigung wartet auf ihren Freund und mich. Sie wissen, daß wir jetzt mit noch einer dritten Person an der deutschen Uebersetzung des Zuschauers arbeiten; eine Arbeit, die viel Nutzen bringen kann, wenn unsere Absicht erreichet, und die Lesung dieser moralischen Blätter allgemeiner dadurch wird. Ehe diese aber zu Ende kommen möchte, ist schon eine neue veranstaltet. Es hat Herr Königslöwe die Uebersetzung des *Dictionnaire* von Bayle unternommen. Der Verleger dieses an sich selbst sehr nützlichen Werks wünscht, daß es

von

Sechs und siebenzigster Brief.

von meinem Freund durchgesehen, und mit Anmerkungen von seiner Feder vermehret werden möchte. Dieses ist eine Aufgabe, die uns eben so viel Arbeit verursachen wird, als die Vortheile groß sind, die der Litteratur durch dieses Unternehmen zuwachsen. Es gehöret das Bewußtseyn, etwas zum allgemeinen Besten beyzutragen, zu meiner Beruhigung; und die Zufriedenheit des Geistes, die so oft gestöret wird, suche ich auf einer andern Seite zu befördern. In dieser Absicht, verwende ich den größten Theil meines Lebens auf Arbeiten, die vielen meines Geschlechts ganz fremd sind; und meine Gesundheit würde vielleicht besser seyn, wenn ich mehr Bewegung und angenehmere Zerstreuung hätte. Dies sagt mein Arzt, den ich über die Schwächlichkeit meines Körpers zuweilen um Rath frage. Mein eigner Trieb hingegen sagt mir, daß die Beschäftigung mit allem, was meine Neigung befriediget, und meinen Geist zufrieden stellt, meiner Gesundheit nicht schädlich seyn kann. Diesen Trieb will ich folgen, so lange meine Maschine nicht ganz baufällig wird. Ich bin mit wahrer Hochachtung

E. H.

ergebenste
Gottsched.

Sieben und siebenzigster Brief.

Schreiben*)
an die Marquise de Chatelet.

1741.

Frau,
  deren kühner Geist mit Männerstärke denkt,

Frau, deren Fähigkeit sich in die Tiefen senkt,

       Wo

---

*) Es steht vor der Uebersetzung zwoer Schriften, das Maaß der lebendigen Kräfte betreffend, vorgedrucket. Weil diese aber in wenig Händen sich befindet, hat man dieses schöne Sendschreiben hier eingerücket.

Sieben und siebenzigster Brief.

Wo Gott, was die Natur sich heimlich vorge=
sparet,
Den Grund deß, was man sieht, nur Weisen
offenbaret.
Vernimm von deutscher Hand ein wahrheits
liebend Lied,
Das, so wie Du gethan, die Vorurtheile flieht;
Und wenn es nicht mit Recht Dich zu verehren
dächte,
Wärst Du auch Königin, kein Schmeicheln vor
Dich brächte.
Vernimm, was einem Kiel Dein Werth entwer=
fen lehrt,
Der sonder Heucheln lobt, und ohne Neid ver=
ehrt:
Und Dich, (so schwach man auch den niedern
Beyfall schätzet,)
Hoch über Dein Geschlecht, und Ludwigs Bür=
ger, setzet.

Du selbst für Dich bist groß. Den nenn ich
noch sehr klein,
Der bloß durchs Vaterland vortreflich denkt zu
seyn;

Der, was der Ahnen Fleiß den Kindern über=
  geben,
Durch eigenes Verdienst nicht weis empor zu
  heben:
Und, da er jener Ruhm mit trägem Stolze sieht,
Ihn lebend nie erreicht, und dann zur Grube
  zieht.
Denn, läßt sich erst ein Volk am alten Glanze
  gnügen,
So liegt das Vaterland mit ihm in letzten Zügen.

Als jeder Römer noch sich selbst um Ruhm
  bewarb,
Im Leben römisch war, mit Römermuthe starb,
Durch nimmer müdem Fleiß die Nebenbürger
  lehrte,
Und jeder Sohn den Stamm mit einem Hel=
  den mehrte:
Da blieb das große Rom der Erden Königin,
Da war sein hoher Ruhm ein billiger Gewinn.
Als aber Stolz und Lust die ernste Zucht ver=
  höhnten,
Und jene Lorbern bloß die leeren Köpfe krönten,

Da

Sieben und siebenzigster Brief.

Da ward das stolze Rom', der Erden schönste
  Pracht,
Geschwinder in Verfall, als sonst empor ge=
  bracht.
So wie ein leichter Ball, den Lusterfüllte Knaben
Mit froher Munterkeit empor geworfen haben,
Der Lüfte Hinderniß im Steigen schwer durch=
  dringt,
Im Fallen aber mehr, als doppelt schneller sinkt.

O dörft ich, (da mein Schluß auch jetzund
  noch muß gelten)
Das Volk der Gallier durch keinen Vorwurf
  schelten!
Erhabne Chatelet, Du selber siehst es ein,
Der Ahnen großer Ruhm wird durch die Enkel
  klein.
Dein Land, das Vaterland so vieler großen
  Geister,
Zählt jetzt nur einzelne, und doch nur halbe
  Meister.
Was dem Cartesius des Forschens würdig
  schien,

Sieben und siebenzigster Brief.

Was Pascal und Rohault versucht ins Licht zu ziehn,

Was Regis und Gassend, und vieler Fleiß gewesen,

Dem forscht kein Franzmann nach, er glaubt es ungelesen.

Dagegen bricht er sich ein neues Lorberreis,

Aus Possen, die bey uns ein Kind zu höhnen weiß.

Der kühnen Ritterzunft, und niedre Liebesgrillen,

Die müssen täglich fast Papier und Läden füllen.

Die Dichtkunst soll zwar auch ein Weg zur Ehre seyn;

Doch nicht wie Boileau schrieb, erhaben, lehrreich, rein,

Der keinen Satz erwählt, den nicht sein Reim vergrößert,

Und der durch seinen Kiel sein Vaterland gebessert.

Der Logogryphen Schwarm, des Endreims Gaukelspiel,

Die sind in Frankreich jetzt fast aller Dichter Ziel.

Jedoch

Jedoch, ich geh zu weit; ganz Deutschland
 hats gelesen,
Es wäre mancher stets ein großer Mann gewesen;
Wenn sich sein reiner Kiel der Dichtkunst vor-
 gespart,
Für höhrer Wissenschaft mit kluger Scheu be-
 wahrt.
Denn hätt er nie der Welt zu eigner Schmach
 gezeiget,
Wie weit ihm Dein Verstand im Denken über-
 steiget.

Du wunderst Dich vielleicht, daß dieses
 fremde Blatt,
Indem es Dich erhebt, dein Volk getadelt hat.
Allein, Du weißt es wohl, die Wahrheit kann
 nicht heucheln,
Und wer ihr dient, muß nie dem Unrecht skla-
 visch schmeicheln.
Ganz Deutschland denkt wie ich, seit eine After-
 brut
Auf Frankreichs alten Ruhm so keck und trotzig
 thut,

Und da nicht Witz, nicht Recht das kalte Blatt begeistert,
Sich selbst zum Midas setzt, und beßre Völker meistert.
Man spricht uns Witz und Kunst, Verstand und Tugend ab,
Man bricht uns ungehört und ungekannt den Stab:
Als würd ein ganzes Land sich einst nach Köpfen richten,
Die ihrer Väter Ruhm durch eignen Schimpf zernichten.

Du siehst, wie wehe dieß dem deutschen Volke thut,
Das eigner Lorber krönt; dem kein entehrtes Blut
In seinen Adern schlägt. Wir gehn die Bahn der Alten,
Und putzen ferner aus, was sie so schwer erhalten.
Was Keppler, was Hugen und Hevel ausgedacht,

Sieben und siebenzigster Brief.

Hat keine neue Zeit noch in Verfall gebracht.
Und was die halbe Welt von Leibnitz neu ge-
 lernet,
Hat unser großer Wolf noch besser ausgebrütet.
Was Tschirnhaus sich erwarb, was Ger-
 kens Nachruhm nährt,
Hat Herrmanns tiefer Geist durch Trägheit
 nicht entehrt.
Kurz, Deutschland steiget stets, und hat nicht zu
 besorgen;
Daß es sein Wissen darf von seichten Nachbarn
 borgen.

O hätte manches Werk, das Deutschlands
 Fleiß erzeugt,
Vor funfzig Jahren nur in Frankreich sich
 eräugt!
Und wäre Sturm bey uns, ein Gallier ge-
 wesen,
Was würde nicht die Welt von seiner Säule
 lesen!
Jetzt war sein ganzer Lohn der Tugend innrer
 Werth,

268 Sieben und siebenzigster Brief.

Die den, der edel denkt, mit wahrer Ruhe
    nährt,
Dort wär aus diesem Grund ihm Glück und
    Preis entstanden:
In Deutschland war für ihn kein Mazarin
    vorhanden!

Du weißt es, große Frau, daß unser Väter=
    land
So groß als Deines ist. Doch nur den Unver=
    stand
Vergnügt ein solcher Ruhm. Wir selbst, wir
    müssen ringen,
Und unsern Ahnen nach mit kühnem Eifer brin=
    gen.
Zwar Leibnitz war ja groß, doch nicht die
    Vaterstadt,
Er selbst, er war es selbst, was ihn verherrlicht
    hat:
Und hätt ihn sein Geschick zum Gallier erlesen;
So wär er doch nichts mehr, als was er war,
    gewesen.
Und wäre Civey gleich Dein wahres Vaterland,
    So

Sieben und siebenzigster Brief.

So würd es doch durch Dich, nicht Du dadurch
 bekannt.
Denn Geister, welche Gott zur Weisheit auser-
 kohren,
Sind für kein enges Land, sind für die Welt
 gebohren.
Dem Pöbel aber fällt der eigne Ruhm zu schwer,
Und wer wie dieser denkt, der ist so schlecht
 als er.

Du, die Du jetzt den Ruhm des Vaterlan-
 des stützest,
Frau, die Du ihm weit mehr als tausend Män-
 ner nützest,
Erhabne Chatelet, o fahre ferner fort
Der Wahrheit nachzugehn. Sie hängt an
 keinem Ort:
Und wer in Afrika, und in beeisten Norden
Auf ihre Spuren lauscht, gehört zum Weisen-
 orden.
Verdenkt es Dir der Neid, daß Deine Feder frey
Die Wahrheit Wahrheit nennt, sie sey von wem
 sie sey:

So bist Du groß genug, die Scheelsucht zu ver-
lachen;
Sie wird eh sich verhaßt, als dich partheyisch
machen.

Dieß ist auch bloß der Trieb, der Dir dieß
Blatt gebracht.
Hier hast Du nun Dein Werk in einer deutschen
Tracht.
Es soll die deutsche Welt Dein gründlich Wissen
lehren;
Und jeder Leser wird Dich so wie ich verehren.

Acht und siebenzigster Brief.

Dresden 1742.

Hochzuehrender Herr,

Mein Freund trägt mir auf, ich soll E. H. Nachricht von unserm Aufenthalte geben? Dieses würde ein Tagebuch von lauter Ergötzungen, Zerstreuungen und Arbeiten seyn. Alles, was unsere gefällige Freundin *) finden kann, uns das an sich selbst vortrefliche Dresden noch angenehmer zu machen, das sucht sie hervor, und kein Tag vergeht, wo wir nicht eine Seltenheit mehr kennen lernen. Die Stunden, welche mein Freund auf seinen Beruf verwendet, bringe ich mit der Arbeit zu, die uns nach dem Ruhesitz der Musen begleitet hat **). Diese

Vor-

---

*) Dieses war die königliche Hofzeichnerin Frau Werner.
**) Baylens Dictionnaire.

Acht und siebenzigster Brief.

Vorstellung machte ich mir von der Residenz, ehe ich nach Dresden kam. Ich glaubte, hier könnte man sich von allen überhäuften Arbeiten erholen; ich erfahre aber, wer so gewohnt ist sich zu beschäftigen, wie mein Freund, der findet aller Orten seine Neigung zu befriedigen. Alles Merkwürdige habe ich hier gesehen, und ich würde Ihnen eine Beschreibung von vielen Bogen machen, wenn ich alles das erzählen sollte, was mir im grünen Gewölbe, im Zeughause, in der Kunstkammer, auf der Bildergallerie, im Holländischen Palais, und aller Orten, wo Kenner, Bewunderer und Neugierige sich befriedigen können, vorzüglich gefallen hat. Die Natur hat aber auch bey der Lage von Dresden nichts vergessen. Ehe ich in die Residenz kam, und die Kunst, die ein Heer ihrer Anhänger daselbst verschwendet hat, bewunderte, ward mein ganzes Gemüth bey dem Anblick der angenehmen Gegend von Meißen bis Dresden, erheitert. Mit welcher Ruhe und Ver=

Acht und siebenzigster Brief.

Vergnügen (dachte ich bey mir selbst) muß es sich in einem so angenehmen Landhause gelehrten Arbeiten obliegen? Wie viel Verhinderungen, sagte mein Freund, den ich meine Beobachtung erzählte, ist man bey so vielen Gegenständen, die das Auge reitzen, auch ausgesetzt. Er hat nicht unrecht, ich glaube nunmehro daß es sich auf dem Sperlingsberge *) in Leipzig ruhiger und ungestörter arbeiten läßt, als auf irgend einem der geringsten Weinberge in dieser reitzenden Gegend.

Bayle beschäftiget uns beyde, in allen Stunden, da wir uns der Arbeit widmen, und der Gesellschaft entziehen können. Von allem, was die versammleten Landesstützen, zum Wohl des Landes berathschlagen werden, will Ihnen mein Freund selbst Nachricht geben. Jetzt habe ich

*) Nicht weit von der Wohnung unserer Gottsched in Leipzig, wird es der Sperlingsberg genennet.

S

ich diesen Auftrag von ihm mit Vergnügen erfüllt, weil ich bey dieser Gelegenheit Ihnen die Versicherung meiner Hochachtung geben kann 2c.

Gottsched.

Neun und siebenzigster Brief.

Leipzig 1742.

Hochzuehrende Frau,

Meine erste Beschäftigung hier in Leipzig, ist die Erfüllung einer der vornehmsten Pflicht gegen Sie, meine verehrungswerthe Freundin. Sie haben uns zu einer ewigen Dankbarkeit verpflichtet, und von dieser finden Sie hier die lebhafteste und heiligste Versicherung. Mein Freund wird ein gleiches für sich thun; denn in Wahrheit, Ihre Verbindlichkeiten, damit Sie uns die untrüglichsten Beweise Ihrer Freundschaft gegeben, sind jedem Theil zu wichtig, als daß einer für beyde den Dank übernehmen, und

dop=

Neun und siebenzigster Brief.

doppelten Regungen Gnüge leisten könnte. Geben Sie mir Gelegenheit Ihnen die Empfindung meines dankbaren Herzens, anders als in bloßen Worten zu zeigen, denn werden Sie sagen, daß die Freundschaft und die Erkenntlichkeit eines fühlenden Herzens alle Proben auszuhalten fähig sind. Wenn ich an unsern Abschied gedenke, so ruft mein Herz noch heute aus:

O Tag! o Augenblick, so reich an Lust als Leiden,
O theurer Gegenstand des Schmerzens und der Freuden!

Aber ich werde nicht beruhiget dadurch. Hier warteten die Drucker mit Ungedult auf unsere Ankunft. Alle Muße, die wir in Dresden gehabt, hat sich in eine ununterbrochne Kette von Arbeit verwandelt. Vom frühen Morgen bis in die späte Nacht, sind wenig Stunden übrig, auf die nothwendigsten Bedürfnisse des Lebens zu wenden. Ich muß an das vergan=

S 2 gene,

gene, und in Dresden auf so vielfältige Art erhaltene Gute zurückdenken, um mich über die gegenwärtigen Beschwerlichkeiten eines gelehrten Lebenswandels zufrieden zu stellen. Doch es ist mein Schicksal, diesen will ich mich mit Gelassenheit unterwerfen. Es ist mein Wunsch gewesen, und da ihn die Vorsehung in reichern Maaße, als ich jemals geglaubet, erfüllet hat, will ich nicht murren, sondern nach allen Kräften meinen Beruf gleichfalls erfüllen. Dieser Vorsatz wird alles leicht machen, was mir in den finstern Augenblicken meiner Hypochondrie oft schwer scheinet. Bey dem Andenken an Ihre Güte, und an Ihre Freundschaft, werde ich wieder heiter, und in dieser Verfassung des Gemüths, versichre ich Ihnen meiner ewigen Ergebenheit,

Gottscheb.

Achtzigster Brief.

Leipzig den 17. April 1743.

Hochzuehrende Frau,

Ich danke Ihnen aufrichtigst für den Antheil, den Sie an meiner schwächlichen Gesundheit nehmen; diese ist so, wie Sie vermuthen, und wie mein Freund Ihnen eine weitläuftige Beschreibung davon gemacht hat. Die Aerzte beschäftigen sich, meine Maschine aufrecht zu erhalten, die leider nicht alle Erwartung von ihren Bemühungen erfüllet. Nur die Kräfte meines Gemüths stehen einigermaßen in meiner Gewalt, und ich suche alles hervor, dieselben nicht sinken zu lassen, sondern immer mehr zu stärken. Gesetzt aber auch, daß mein Lauf in der Hälfte meiner Tage vollendet würde; gesetzt, daß ich mein Leben eher, als viel tausend meiner Zeitgenossen beschließen soll; was ist es anders,

Achtzigster Brief.

als viel eher zu der Ruhe zu gelangen, wohin wir alle zu kommen wünschen, und den seligen Ort nach einer beschwerlichen Reise bald zu erblicken, wornach wir auf der mühseligen Wanderschaft dieses jammervollen Lebens so oft seufzen? Ich sage mit Abbison: "Die "Vorstellung eines künftigen Lebens ist der "geheime Trost, und die Erquickung meiner "Seele. Sie machet, daß die ganze Natur "um mich herum munter und freudig aussieht. "Sie verdoppelt alle meine Vergnügungen, "und stärket mich in allen meinen Trübsalen. "Ich kann die Widerwärtigkeiten und Unglücks= "fälle, Schmerzen und Krankheit, den Tod "selbst, und was noch ärger ist als der Tod, "den Verlust derjenigen, die mir auf der Welt "am liebsten sind, mit Gleichgültigkeit an= "sehen, solange ich die Freude der Ewigkeit, "und dasjenige Leben vor Augen habe, in "welchem weder Furcht noch Schrecken, weder "Sorge noch Pein, weder Krankheit noch
Tren=

„Trennung mehr seyn wird ꝛc." Sehen Sie, liebste Freundin, die Beschaffenheit meines Gemüths, unter den Beschwerlichkeiten eines siechen Körpers. Wer weiß, ob er nicht bald von der gütigen Hand Gottes seine völlige Genesung erhält. In allen Fällen ergebe ich mich seiner Vorsorge, und ich mag leben oder sterben, so bin ich immer Ihre treuste Freundin

Gottsched.

Ein und achtzigster Brief.

Leipzig 1743.

Hochwohlgebohrne Frau,

Mit thränenden Augen und einem beklemmten Herzen eile ich Ew. Hochwohlgeb. über den Verlust zu trösten, den Ihnen die Hand der Vorsehung erfahren läßt. Ich leide mit Ihnen, gnädige Frau, ob ich gleich die unaussprechliche Glückseligkeit des Verstorbenen einsehe, und über diese mich mit Ihnen freuen möchte. Sie haben keinen Sohn verlohren, sondern Ihre christliche Ergebung in den göttlichen Willen, hat solchen in die treuen Vaterhände zurück geliefert, von welchem Sie dieses theure Pfand vor wenig Jahren erhalten hatten. Lassen Sie hier Ihrer sonst so geläuterten Vernunft nicht zu viel Gewalt; die Religion allein muß sprechen. Diese hat mächtigere Trostgründe, solche Wunden zu heilen, als alle Mittel und alle Zerstreuung, so die Weisheit der größten Geister, und ihre Freunde hervorsuchen könnten. Opfern Sie Ihren Schmerz, und die gerechte Ursache Ihres Schmerzens dem Gott, der Ihre Seufzer, und Ihre Thränen für die Genesung eines geliebten Kindes erhöret, und Ihren Sohn völlig geheilet, und ewig glücklich gemacht hat. War dieses nicht die Absicht Ihrer Wünsche, und aller Ihrer Bemühungen? Diese innerliche Ueberzeugung wird Ihnen zum Trost dienen, Sie werden über sich selbst so viel gewinnen, mit

dem

Ein und achtzigster Brief.

dem Sohn Gottes auszurufen: Vater! nicht mein Wille, sondern dein Wille geschehe. Sind Sie nur so weit gekommen, so haben Sie überwunden; und Ihre Religion hat über alles, was die Zärtlichkeit einer Mutter schmerzliches sagen kann, gesieget: Sie werden Ruhe und Trost in demjenigen finden, der unser Alles ist. Ihre Gottesfurcht wird Ihnen mehr Trost einflößen, und Sie eher aufrichten, als die Weisesten Ihrer Freunde nicht zu thun vermögend sind. Sie sind überzeugt:

Daß Ihr verklärter Sohn jetzt alles das besitzet,

Was unser Glaube hofft, und hier kein Auge kennt.

Dieß ist der einzige Trost, den ich zu E. H. Beruhigung anführen wollen. Ich thue die eifrigsten Wünsche für dieselbe, und für das dauerhafte Wohl Dero ganzen Hauses.

Gottsched.

Zwey und achtzigster Brief.

Leipzig den 27. April 1744.

Hochwürdiger ꝛc.

Den Augenblick erhält mein Freund ein Schreiben, welches in einer Gemüthsverfassung geschrieben zu seyn scheinet, daraus er Ew. Hochwürd. gern je eher je lieber ziehen wollte. Da ihn indessen, theils die letzten Bogen der Muschenbrockischen Physic, deren Ausgabe diese Woche noch zu Stande kommen soll; theils der Befehl vom Hofe, zu einer morgen bevorstehenden akademischen Vorlesung vor unsers Churprinzens Königl. Hoheit, ganz außer Stand setzet diese Pflicht eigenhändig zu beobachten; so hat er mir, als seinem unwürdigen Secretair, dieses aufgetragen. So ist in der menschlichen Gesellschaft kein Vorfall so geringe oder seltsam, der nicht irgend einem Mitgliede derselben, zum Vortheil ausschlüge. Und so muß eine Begebenheit

Zwey und achtzigster Brief.

benheit, welche viele scharffinnige Personen noch unschlüßig macht, ob sie solche unter die lächerlichen Ebentheuer zählen, oder in die Zahl neuer Erfahrungen setzen sollen, sich in ein gedrucktes Meßmährchen verwandeln, um mir Gelegenheit zu geben, E. H. diejenige Hochachtung zu versichern, die ich Ihnen längst gewidmet.

Was die Hauptsache Dero Schreibens betrift, so hat mein Freund die bewußte Geschichte kaum in ihrem Maculaturkleide erblicket, als er sogleich den Drucker holen lassen, und ihn befraget, wer ihm die Freyheit ertheilet, diese Schrift bekannt zu machen? Er antwortete, wie alle Leute zu thun pflegen, die ein böses Gewissen haben, und nahm den Verweis, welchen ihn mein Freund zu geben Macht hatte, geduldig an. Da nun bey Durchlesung des Gedruckten kein Umstand gefunden wurde, welcher nach der Vorschrift des Hofes, die Bekanntmachung eines Werks verhinderte, so konnte mein Freund dem Drucker nicht abschlagen sein

Vidit

Zwey und achtzigster Brief.

Vidit auch noch auf das gedruckte Blatt zu schreiben, und der Sache ihren Lauf zu lassen.

So wenig nun mein Freund hierinnen etwas gethan haben soll, welches wider die tiefe Ehrfurcht stritte, die er dem Durchlauchtigen B. Hause schuldig ist, noch dessen preiswürdigsten Stiftungen nachtheilig seyn könnte; so wenig haben Ew. H. inskünftige dergleichen von ihm zu besorgen. Gesetzt, es wäre auch schon eine ganze Ausarbeitung fertig, in den Büchersaal eingerückt zu werden, so würde ein einziger Wink eines Fürsten, der die Liebe zur Gelehrsamkeit unter seine Erbrechte zählet, hinlänglich seyn, alles zu zernichten. Indessen glaube ich, daß das Ansehen des Verfassers bey Vernünftigen nicht leiden wird. Man kann ein starker Philosoph, ja ein tiefsinniger Mathematicus, und dennoch ein Mensch seyn, dessen Seele ihre Erfahrungen durch gar zu betrügliche Werkzeuge machen muß. Die Geschichte ist voller Beyspiele von großen Leuten, die nur in einer einzigen

Sache

Zwey und achtzigster Brief.

Sache sich selbst nicht ähnlich gesehen. Und denn sagt mein Freund Buttler in seinem Hudibras:

> Obstinacy's is néer so stief
> as whentis in a wrang belief.

und ich gebe ihm Recht. E. H. sehen wohl, daß ich trotz meiner Hypochondrie den Gespenstern unmöglich die Ehre erweisen kann, sie in die Reihe derer Wesen zu setzen, vor denen man sich zu fürchten hätte.

Sobald das Meßgetümmel die verscheuchten Musen wieder zu ihrer Ruhe kommen läßt, wird mein Freund seiner Pflicht gegen E. H. selbst nachkommen, bis dahin empfehle ich ihn Ihrer Gewogenheit, und versichere, daß ich mit ganz besonderer Hochachtung beständig seyn werde

E. H.

Gottsched.

Drey und achtzigster Brief.

An den Herrn Cabinetsminister Grafen
von Manteufel.

Leipzig den 8. October
1745.

Vor Ew. Exc. mitten unter den Bemühungen der wichtigsten Staatsgeschäfte mit einem Werke zu erscheinen, welches sowohl bey den Verfassern, als bey der Uebersetzerin eine Frucht der Muße, und eines unbeschäftigten Lebens gewesen, ist allerdings viel gewaget. Allein Ew. Excell. haben sich ehemals auf die gnädigste Art für einen Beschützer der Wahrheit und der Musen erkläret, und da Dieselben solches auch bey den ansehnlichsten Veränderungen gewiß allezeit bleiben werden, so gewinnt mein Unternehmen ein ganz ander Ansehen, und meine Kühnheit ist

Drey und achtzigster Brief.

ist entschuldiget. Ich darf mir kaum schmeicheln, daß Ew. E. Dero kostbare Zeit auf die Durchblätterung dieses Werks wenden sollten; und ich bitte mir deswegen nur die Erlaubniß aus, dieses Merkmal meiner Ehrfurcht auf die äußerste Ecke ihres Schreibtisches zu legen. Ich hoffe der lobenswürdigen Neigung des Fräul. v. P. dadurch Gelegenheit zu geben, einige Ihrer Nebenstunden auf dasselbe zu verwenden. Ihr schon frühzeitig geläuterter Witz, wird aus so vielen Materien, die in diesem Werke vorkommen, diejenigen am besten ausfindig zu machen wissen, die E. E. am angenehmsten seyn möchten, und die natürliche Anmuth Ihres mündlichen Vortrags, wird meiner Schreibart die Schönheit ertheilen, die ich ihr nicht zu geben gewußt habe. Auf diese Weise wünsche ich, daß meine Arbeit E. E. bekannt werde, hauptsächlich der Vorrede wegen. Ich möchte gerne, daß E. E. die menschliche Schwachheit, die ich darinnen begangen, mit gütigen Augen ansähen. Ich habe

mich

mich nicht enthalten können, den ungesitteten Vorredner der Königschen Gedichte, (er heiße nun Rost oder Liscov) ganz kurz zu sagen, daß ich sein Verfahren gegen mich, so wie ihn selbst verachte. Dieses habe ich darum gethan, damit die Welt sich nicht wundere, wenn ich ihm auf alle Thorheiten, die er künftig wider mich noch vornehmen könnte, nicht ein Wort antworten werde. Diese geringe Rache habe ich meiner Ehre schuldig zu seyn erachtet. Sie wird mich hinlänglich befriedigen, wenn sie E. E. nicht mißbilligen.

Mein Freund, der E. E. seine unwandelbare Ehrfurcht versichert, hat sich bey der letzten Zusammenkunft der Collegiaten so bezeiget, wie es E. E. begehret, und wie es die Pflichten eines treuen Clienten erfordern. Er hat sich allerdings wider einige Feinde gemacht, allein es ist nicht das erstemal, daß er aus Eifer gegen Dero Befehle sich darüber hinaussetzet. Die ganze Akademie beneidet dem Professor W.

den

Drey und achtzigster Brief.

den mächtigen und ganz außerordentlich seltenen Beystand, welchen er in dieser Sache bey den Großen findet. Ich beneide nicht ihn, sondern seine Frau. Es muß ein großes Vergnügen seyn, einen Gatten zu haben, dessen Verdienste um das gemeine Wesen, wider alle Anfälle so gewaltig beschützet werden, und ich wüßte sehr wohl, wem ich ein gleiches Glück wünschte, wenn nicht schon seit langer Zeit die billigsten Wünsche auch die fruchtlosesten wären. Ich würde noch mehr sagen, wenn ich nicht an E. E. zu schreiben die Ehre hätte, die ein gar zu genauer Kenner der menschlichen Gemüther sind, und also die Empfindungen des Herzens einer Person einsehen werden, die sich in solchen Umständen, wie ich, befindet. Seit zwey Jahren ist nunmehro meine philosophische Gelassenheit fast erschöpfet. E. E. kennen auch die Bosheit der Gegner meines Freundes, und seine Unschuld, (da er sich L. Haß blos auf höhern Befehl zugezogen) gar zu wohl, als

T daß

Drey und achtzigster Brief.

daß Dieselben mir diesen Ausbruch meines geheimen Grams verdenken sollten.

Es würde dieser **Aufseher** nicht in einem so schlechten Kleide sich E. E. darstellen, wenn die überhäuften Meßarbeiten die Buchbinder nicht verhindert hätten, ihm ein besseres zu verfertigen. Ich wollte meinen Endzweck erreichen E. E. dieses Werk zuerst vor Augen zu legen, ich bitte für den **Aufseher** um Verzeihung, und bin mit der tiefsten Ehrfurcht

E. E.

Gottsched.

Vier und achtzigster Brief.

An eben Denselben.

Leipzig den 29. Oct. 1745.

Je weniger mein Aufseher die Gnade verdienet hat, womit ihn E. E. aufgenommen, desto ehrfurchtsvoller und eifriger ist der Dank, welchen ich Ihnen dafür schuldig bin. Hätte ich mir bey denen Staatsgeschäften, womit E. E. überhäufet sind, den für meine Uebersetzung so vortheilhaften müßigen Abend voraus vermuthen können; so würde ich mir die Freyheit genommen haben, einige Stücke besonders auszuzeichnen, die vielleicht E. E. Aufmerksamkeit vorzüglich verdienen. Doch vielleicht hat der gute Geschmack der Fräul. v. Putkammer diesem Mangel abgeholfen. Diese junge Muse würde mich gar zu stolz machen, wenn ich ein Merkmal erhielte, daß sie mitten unter der

Pracht

Vier und achtzigster Brief.

Pracht, und den Ergötzungen des Hoflebens, sich noch einer entfernten Pedantin erinnerte.

Dürfte ich E. E. im vollkommenen Vertrauen auf Ihre Gnade, uns eine abermalige Probe davon zu geben, bitten; so wäre es diese: daß E. E. bey Gelegenheit der Fürstin L. versichern möchten, daß Dieselbe Ihren jungen Prinzen in die Hände eines redlichen Mannes geliefert hätte, der sich eine wahre Freude daraus machte, der studierenden Jugend nach allen Kräften zu dienen. E. E. haben ihm dieses Zeugnis der Wahrheit schon oft aus eigener Bewegnis gegeben; und wie eifrig wird sich mein Freund angelegen seyn lassen, dieser vielfältigen Empfehlung sich immer würdiger zu machen. Ich werde mit vollkommenster Ehrerbietung lebenslang beharren

E. E.

Gottsched.

Fünf und achtzigster Brief.

An eben Denselben.

Leipzig den 3. Nov. 1745.

Nicht nur die gnädige Aufnahme meiner letzten Bitte, sondern auch die schleunige Erfüllung unsers Wunsches, verbinden mich E. E. meine vollkommenste Erkenntlichkeit zu bezeugen. Zugleich wird mein Freund sich selbst von dem Verdachte zu befreyen suchen, den man auf ihn hat bringen wollen. Es kann niemand mehr, als E. E. bekannt seyn, wie wenig mein Freund zur Zahl der Proselytenmacher gehöre. Dieses Angeben komme nun aus Bosheit oder aus Unwissenheit her, so macht es seinem Urheber sehr schlechte Ehre, der Ungrund wird sich zeigen.

Ich bin beschämt, daß E. E. meinem Aufseher noch einige Stunden zugetheilt haben.

Fünf und achtzigster Brief.

Auf Dero Befehl nehme ich mir die Freyheit zu melden, daß das 3. 4. 27. 39. 52. 55. 70. 83. 89. 93. 115. 119. 122. und 170. Stück der Aufmerksamkeit eines großen Staatsmanns und Beschützers der Wahrheit nicht unwürdig seyn möchten: Die meisten davon sind Arbeiten des großen Staatssecretairs Abbison, und im französischen Mentor ausgelassen worden.

Es ist ganz neulich eine Theobicee zum Vorschein gekommen, zu der man wohl sagen möchte: aut nomen aut mores muta. Es ist eine nichtsbedeutende Schrift; und die bündigsten Gründe, womit der Verfasser den Herrn v. Leibnitz übertreffen will, sind alle aus einer gewissen Disputation genommen, mit welcher sich der Verfertiger derselben so lächerlich gemacht hat.

Die übersetzte Predigt ist richtig in die bestimmten Hände gekommen. Beykommendes Danksagungsschreiben für die Alethophilische Schaumünze, hat der Hofprediger J... an meinem

Fünf und achtzigster Brief.

meinen Freund zu bestellen übersandt. Er ist sehr begierig zu wissen, wer doch der Uebersetzer seiner Predigt gewesen seyn mag? Indessen giebt er demselben das Lob, daß er durch die Uebersetzung die Predigt noch verschönert habe; so weit sich solches, ohne vom Original abzuweichen, hätte thun lassen. Diesen lauten Beyfall werden E. E. also, aus einem die Wahrheit liebenden Munde annehmen und statt aller Lobeserhebungen gelten lassen, die so oft dem Range, oder der Geburt, oder aus andern Absichten ertheilet werden, und gemeiniglich den Verdacht einer Schmeicheley auf sich haben.

Ich werde nie aufhören mit der tiefsten Ehrerbietung zu seyn 2c,

Gottsched.

Sechs und achtzigster Brief.

An eben Denselben.

Leipzig den 7. April 1746.

Daß E. E. ein Exemplar Dero ausnehmend schönen Uebersetzung der Jerusalemischen Predigten, für mich gnädigst bestimmt, habe ich erst vor wenig Tagen erfahren. Die unverdiente Ehre, die E. E. hierbey meiner Uebersetzung des Guardian's erzeiget, hätte schon längst meinen gehorsamsten Dank verdienet; allein ich bin meinem Geiste und Körper nach, seit einiger Zeit in so verdrüßlichen Umständen gewesen, daß ich mich nicht getrauet etwas aufzusetzen, das würdig gewesen wäre vor die Augen eines so erleuchten Kenners schöner Ausdrücke zu kommen.

Was wäre wohl zum Aufnehmen der Wahrheit, der Religion, und zur Ehre der Gelehrsamkeit

Sechs und achtzigster Brief.

samkeit in Sachsen, jetzt bessers zu wünschen, als daß die erledigte Stelle eines Hofpredigers, mit dem Verfasser dieser herrlichen Predigten ersetzet würde? Seine Verdienste um die deutsche Wohlredenheit, sind durch E. E. Bemühung in ein so helles Licht gesetzet worden, daß er bereits durch seine Predigten allen Großen bekannt ist. Er ist über dieses von ansehnlicher Person und guten Sitten, und überhaupt ein Mann, der sich sehr wohl an dem Hof schickt, und mit Beyfall schon einige Zeit daselbst gelebet hat. Wie viel würden Kirchen, hohe Schulen und die Philosophie, in Sachsen nicht gewinnen, wenn wir ihn zum Hohenpriester bekämen? Vielleicht ist es eben jetzt der rechte Zeitpunct gewesen, daß E. E. seine Reden bekannt gemacht. Aus reiner Absicht, und als ein Mitglied der Alethophilischen Gesellschaft, habe ich für die Aufnahme der Wahrheit, diese Gedanken E. E. eröffnen wollen. Ich bin mit aller Ehrfurcht

Gottsched.

Sieben und achtzigster Brief.

An eben Denselben.

Leipzig im April 1746.

E. E. mit diesen Zeilen aufzuwarten, verbindet mich ein feines Meisterstück meines geistlichen Wohlthäters Herrn D. K. in W. welcher mich vor einigen Jahren aus gerechtem Eifer, über den Verfasser des Horazianischen Zurufs an alle Wolfianer ꝛc. mit seinem theologischen Fluche beleget hat. Ich habe bisher diesen neuen Chrysostomus, nur nach seiner Stärke und Eifer im orthodoxen Strafamte, zu kennen die Ehre gehabt; bis ich in beyliegender Probe, auch das ihm verliehene Pfund im Segnen kennen gelernt. Ich sehe daraus, daß derjenige eben nicht viel einbüßet, wem er dieses Gut versaget. Das immerwährende Andenken, darinnen E. E. bey allen Liebhabern der wahren

Bered-

Beredsamkeit, als ein eifriger Beförderer und würdiger Kenner derselben stehen, hat mich bewogen, dieses Meisterstück Ihnen vor Augen zu legen, und E. E. bis in den Sitz der Staatsklugheit, wo die Schicksale ganzer Völker erwogen und bestimmt werden, mit dem unreifen Gedanken dieses geistlichen Redners zu verfolgen. Eines Mannes, der sich alle ersinnliche Mühe giebt, daß Omen und Nomen bey ihm nicht einerley sey. Der schon hundert dankvolle Seufzer verschwendet hat, daß ihm sein seeliges Geschick des Unglücks überhoben, eben so zu reden, wie der blinde Heide Cicero [*]; oder der vom calvinischen Irrthumsgifte angesteckte Saurin; oder Werenfels; oder endlich die neuere Quelle alles Seelenkummers der Orthodoxen, unser unsterblicher Reinbeck. Vielleicht hat er das Glück E. E. nach Dero wichtigen Geschäf-

---

[*] Dieses waren die eigenen Ausdrücke des Herrn D. K. in W.

schäften ein paar vergnügte Augenblicke zu machen. Eine Ehre, die ihm weit bessere Schriftsteller misgönnen werden, welches mir aber Gelegenheit giebt, nicht zu bereuen, E. E. mit dieser Schrift einige Augenblicke geraubet zu haben. Ich bin ꝛc.

Gottsched.

Acht und achtzigster Brief.
An eben Denselben.

Leipzig 1746.

Eu. Excellenz verlangen den Aufsatz zu lesen, welchen ich über die wahre Ehre entworfen? Ich kann solchen vor keinen bessern Richterstuhl niederlegen, und erwarte E. E. Urtheil darüber; ich werde mich glücklich schätzen, wenn meine Arbeit des Beyfalls eines so erleuchteten Kenners nicht ganz unwerth seyn wird.

Von

Von der wahren Ehre.

> Wird Cato auch erschreckt
> Um das Vatinius, der Abschaum aller Thoren,
> Zum Bürgermeister Amt vor ihm wird auserkohren,
> Und sitzet oben an?
>
> Opitz.

Die Ehre ist allemal ein Endzweck edler Seelen gewesen, und die Begierde nach Ruhm, ist die fruchtbare Quelle, der wir die größten Thaten der Sterblichen zu verdanken haben. Nichts ist natürlicher, als daß wir bey allen unsern Handlungen zuvor den Vortheil erwägen, den sie uns zuziehen können.

Die Ehre ist unstreitig ein Trieb, welcher nur erhabne und große Seelen reitzen kann, bloß in Absehen auf dieselbe, und ohne allen fernern Gewinn, schwere und wichtige Sachen zu unternehmen. Niemand argwohne, daß ich hier von thörich=

thörichten und unvernünftigen Leuten rede, die weder einen rechten Begriff von der wahren Ehre haben, noch die Mittel kennen, welche man zu deren Erlangung anwenden muß. Nein, ich rede von Leuten, welche Verstand und Klugheit genug besitzen, das wahre vom falschen, und diejenige Ehre, welche sich auf die unstreitige Tugend gründet, von dem falschen Glanze zu unterscheiden, den die Schmeicheley oder das blinde Glück manchen Personen ertheilet. Dergleichen Leute sind in meinen Augen ganz bewundersmerth. Der Trieb, welcher sie zum Guten führet, ist einer der edelsten und uneigennützigsten, denn was ist billiger, als daß Ruhm und Ehre der Tugend auf dem Fuße folgen? Und was ist unsträflicher, als daß man die Tugend auch um dieser ihrer angenehmen Folgen liebe? Da uns indessen die tägliche Erfahrung lehret, daß die Umstände der Zeit, die Gemüthsbeschaffenheit unserer Mitbürger, und auch die Fügung des höchsten Wesens, aus

weisen

weisen Absichten, der Tugend oftmal das ihr gebührende Lob versagen; da es uns fast keinen Tag unsers Lebens an Beyspielen einer unterdrückten Tugend, und geschmäheter Verdienste fehlet; da die Liebe zum Guten aber, und die Ausübung der Tugend, gleichwohl nothwendig sind: so muß man auch bey der Begierde nach Ruhm sehr behutsam seyn. Es ist zwar gut die Vortheile zu lieben, die aus der Tugend zu entspringen pflegen; es ist aber noch viel besser, wenn man sie bloß um ihr selbst willen liebet. Die innere Vortreflichkeit der Tugend, und ihr selbst eigener Werth, überwiegt noch weit alle Ehre, die uns jemals aus ihr entstehen kann. Die Begierde nach Ruhm muß uns also nur zu einer Wegweiserin dienen, durch deren Beyhülfe wir zur Tugend gelangen; niemals aber muß sie die Hauptabsicht unserer Handlungen werden. Wir müssen uns in gewissen Fällen zufrieden stellen, wenn wir gleich durch unsere Tugend keine Ehre erlangen; wenn gleich unser

guter

guter Wille mit ungegründetem Verdachte, unser patriotisches Bestreben mit Leichtsinnigkeit, und alle unsere Verdienste um das gemeine Wesen mit Undank belohnet werden. In diesen Fällen müssen wir der Tugend ihr Recht wiederfahren lassen, und zugestehen, daß sie uns, auch bloß durch sich selbst völlig glücklich macht.

Auf diese Betrachtungen ward ich gestern geleitet, da ich einen Besuch bey einer meiner Freundinnen abgestattet hatte. Ihr Sohn, der vor wenig Tagen von seinen Reisen zurücke gekommen war, hatte genug zu thun einem jeden von den Anwesenden, seine Fragen über alles was er gesehen zu beantworten. Unter andern beschrieb er uns die berühmte Bildsäule des Erasmus in Rotterdam. Alle waren der Meynung, daß dieselbe der Stadt nicht weniger Ehre bringe, als diesem großen Gelehrten. Dergleichen Denkmäler der Dankbarkeit ehren allemal denjenigen, der sie aufrichtet, eben so sehr, als den, dem zu Ehren sie aufge=
stellet,

stellet worden. Vielleicht würde man mehrere Muster außerordentlicher Vorzüge unter uns sehen, wenn nicht dergleichen öffentliche Belohnungen der Tugend in neuern Zeiten, so sehr in Verfall und Abnahme gerathen wären. Nichts war natürlicher, als daß die Gesellschaft sich bey dieser Gelegenheit des größten deutschen Weltweisen, des Freyherrn von Leibnitz erinnerte, und sich einstimmig verwunderte, daß dessen Vaterstadt sich gegen seinen unsterblichen Namen nicht eben so dankbar bewiesen hätte; da gewiß in den Augen aller Verehrer wahrer Verdienste, Leipzig nicht weniger Ehre von diesem seinen vortreflichen Sohne hat, als von allen seinen übrigen Vorzügen. Der jüngst zurückgekommene Sohn des Hauses, nahm sich, ich weiß nicht aus was für Ursachen, in diesem Stücke der Stadt Leipzig an. Er meynte Leibnitzens Ruhm stünde fester, als daß er Steine und Metall zu seiner Verewigung brauche. Einem Mann, dem die gegenwärti=
gen

gen und zukünftigen Zeiten, das Licht, was sie erleuchtet, ganz allein zu danken hätten, der würde ohne alle Ehrensäulen niemals vergessen werden, solange noch Künste und Wissenschaften in einigem Flore blieben. Der bekannte sinnreiche Einfall eines solchen öffentlichen Undanks ward nicht vergessen; daß es nämlich rühmlicher sey, wenn man fraget: **Warum einem großen Manne keine Ehrensäule gesetzet werde? als die Frage: Warum ihm eine sey gesetzet worden?**

Bey dieser Vertheidigung hatte er nun zwar nicht alle Stimmen auf seiner Seite, und man fand vieles darwider einzuwenden. Calliste, die mit mir war, und gerne, wenn es sich thun läßt, das Gespräch auf einen festen Satz lenket, brachte die Frage vor: **Ob es angenehmer sey eine Ehre zu verdienen, die man nicht erhält? oder eine Ehre zu erlangen, die man nicht verdiene?** So ausgemacht dieser Satz bey allen Tugendhaften von rechtswegen seyn sollte

sollte: so vielen Bejahungen und Widersprüchen war er hier gleichwohl unterworfen. In langer Zeit habe ich kein Gespräch so lebhaft und mit einem so partheyischen Eifer fortsetzen hören. Da wir nun lauter vertraute Freunde unter einander waren, so sagte auch ein jeder die unverstellte Meynung seines Herzens; und eben daher kam es, daß nach einem zweystündigen Gefechte, der Streit noch nicht entschieden war, und keiner von beyden Theilen sich des Sieges rühmen konnte. Diese Materie scheint mir der Mühe werth zu seyn, daß man sie etwas näher untersuche, und ich werde meine Gedanken darüber ausdrücken.

Die Zufriedenheit des Gemüths ist ohne allen Streit ein wesentliches Stück unserer irrdischen Glückseligkeit; und dieser Satz ist in der Natur unserer Seele selbst gegründet. Es giebt kein Vergnügen in der Welt, das uns nicht zur Last fallen sollte, wofern wir es für kein Vergnügen halten. Einer hält sich bey der Feder, der andere

dere bey dem Degen für glücklich. Cajus liebt das Hofleben, Sempronius die Stadt, und Titus das Land. Chloris ist gern auf dem Tanzplatze, Sylvia in ihrem Zimmer, und Chloe kann ohne ihre Laute nicht vergnügt seyn. Diese alle schätzen sich glücklich; diese alle würden sich für die mühseligsten Personen des Erdkreißes halten, wenn man ihre Glückseligkeiten vertauschen, die Sylvia zum Tanze, die Chloris zur Musik, den Titus zum Hofleben, den Cajus zum Landleben zwingen wollte. Wir müssen also nicht nur glücklich seyn; das heißt, wir müssen nicht nur in einem Zustande leben, den hundert andre Menschen für beglückt halten würden; sondern wir selbst müssen uns auch beglückt schätzen, wofern wir bey unsern Umständen einer wahren Gemüthsruhe und Zufriedenheit genießen wollen. Noch nie haben die größten Ergötzungen dieser Erden, die Kraft gehabt ein unruhiges Gemüth zu besänftigen. Die heimlichen und unverstell=

stellten Vorwürfe unsers Gewissens, wissen sich durch Stand, Vermögen, ja durch unsre Leidenschaften selbst, einen Weg zu bahnen; und wenn uns gleich das Urtheil der Leute, unsere Eigenliebe, und andere Umstände eine Zeitlang verblenden; so vergiebt doch unser Gewissen nichts von seinem Vorrechte. Es fängt dereinst an, mit uns die Sprache der Wahrheit zu reden, und diese ist oftmals um desto lauter und furchtbarer, je länger wir schon im Irrthum gesteckt haben, und je tiefer wir in einem Labyrinthe irren, dessen Ausgang uns je länger, je schwerer wird. Ein ruhiges Gewissen ist also das höchste Glück, und diejenige Ehre, die mit dieser Ruhe am besten bestehen kann, wird ohne allem Zweifel für uns die angenehmste und vortheilhafteste seyn.

Das gute Urtheil, welches die Welt von unsern Thaten fället, wird insgemein unter den Namen der **Ehre** verstanden. Dieses nun erlangen wir gemeiniglich, theils durch allgemeine

meine und besondere Lobsprüche, theils durch wirkliche Belohnungen. Keines von beyden aber, kann uns in ein wahres Vergnügen setzen, solange wir noch einen Richter in unserm Herzen tragen, der uns beständig unsere Unwürdigkeit vorrücket. Wir wissen, daß die Anzahl der Klugen und Verständigen zu allen Zeiten die kleinste gewesen ist. Die wenigsten Menschen sind vermögend, die innere Natur des Guten und diejenigen Handlungen zu unterscheiden, die aus einer wahren Tugend entspringen. Daher ist auch nichts unsicherers als ihr Beyfall. Furcht, Unverstand, Schmeicheley, und hundert andere Umstände sind nur gar zu oft die Quellen des allgemeinen Beyfalls. Diese oder jene That wird bis an den Himmel erhoben, weil man albern genug ist, sie von einer vortreflichen Tugend herzuleiten; da doch wohl ein ungefährer Zufall, oder gar ein Laster die Mutter derselben ist. Jenen Mann vergleicht man mit den größten Helden des Alterthums:

Warum

Warum? Weil er aus einem Hause entsprossen ist, dem nach den feinen Sitten der neuern Zeiten kein gemeinerer Name beygeleget werden darf. Einer wird gerühmet, weil sein großes Vermögen nicht Vielen geholfen hat; sondern weil es Vielen helfen könnte. Ein anderer wird erhoben, weil sein großes Ansehen, denen die ihn nicht vergöttern, zu schaden pflegt, u. s. w. So unsicher ist es also mit dem allgemeinen Beyfalle beschaffen, mit dem Beyfalle, von dem schon einer der vortreflichsten alten Schriftsteller sagt: Daß er gerade anzeige, eine Sache tauge nichts. Kann nun wohl eine solche Ehre unser Gemüth, in Ruhe setzen? Wird unser Herz sich an einem unverdienten Ruhm gnügen lassen? Nimmermehr! Wir wollen aus dem Beyspiele des Julius Cäsar sehen, wie wenig auch der eitelste Mensch mit einem allgemeinen Lobe zufrieden sey, wenn sein Gewissen ihn überzeuget, daß er es nicht verdiene.

Keiner von allen Römern ist wohl jemals
der Ehrsucht mehr ergeben gewesen, als Ju=
lius Cäsar. Die Liebe zum Vaterlande, zur
Freyheit, zu seinen Mitbrüdern, ja gar zu
seinem eigenen Leben hat er dieser gewaltigen
Leidenschaft aufgeopfert, sogar daß er auch
vergaß, daß er ein Römer war, und ein
Wütrich seiner eigenen Mitbürger wurde, die
doch nichts schlechter waren als er selbst. Sollte
nun dieser Mensch nicht vollkommen zufrieden
gewesen seyn, als er seinen Zweck erlangte?
Sollte der allgemeine Beyfall, den er mit so
großer Begierde gesucht hatte, ihn nicht befrie=
digen, gesetzt daß er von seiner Unwürdigkeit
innerlich überzeuget wäre? Wir wollen bald das
Gegentheil sehen, wenn wir ihn auf der Stelle
betrachten, wo ihm an dem Tage seines Todes
der gottlose Antonius die Krone aufsetzte.
Cäsar bemerkte die mürrische Stille des ganzen
Volks. Der Unwillen freygebohrner Seelen bey
dem Anblick eines Königs, blieb ihm nicht ver=
borgen .

borgen. Er legte also aus verstellter Großmuth die Krone wieder ab. Sogleich entstunden tausend freudige Zuruffe. Man lobte ihn einhällig, und mit lauten Stimmen. Hat nun dieser Beyfall ihn zufrieden gestellet? Hat ihn dieses, obgleich unverdiente Lob, ergötzet? Keinesweges. Cäsar ergrimmte über einen Ruhm, wozu sein Gewissen ihn für unwürdig erklärte. Er entrüstete sich sehr, daß ihm das Volk eine Großmuth zuschrieb, die ihm nie in den Sinn gekommen war. Als nach abermaliger Aufsetzung der Krone, das Volk ebenfalls stille schwieg, und bey der zweyten Ablegung derselben, ein noch stärkeres Freudengeschrey, als das vorige entstand: So ergrimmte dieser Ehrsüchtige auf das äuserste, und alle seine Verstellungskunst, darinnen er es in seinem Leben so hoch gebracht hatte, konnte ihm diesesmal die Wuth seiner Seelen nicht verbergen helfen.

Gesetzt auch, daß es dem Cäsar gelungen wäre; gesetzt das römische Volk hätte sich aus Liebe zu ihm, und in der Zuversicht, daß er die oberste und unumschränkte Gewalt nicht mißbrauchen würde, gefallen laßen, ihn zum Könige anzunehmen: Wie lange würde seine Verstellung gedauert haben? Wie bald hätte sich seine Herrschsucht und sein Ehrgeiz nicht verrathen? Wie bald würden seine wahren Ab=sichten sich entdeckt, und das ihm unverdient erbaute Ehrenmaal wieder eingerißen haben?

So und nicht anders gehet es mit einer jeden Ehre, die uns ohne unser Verdienst zu Theile wird. Wie können wir doch nur einen Augen=blick bey solchen falschen Schimmer zufrieden seyn? Die Wahrheit behält ihr ewiges Recht! Sie kömmt endlich an den Tag; und die größten Meister in der Verstellungskunst, haben es doch dahin nicht bringen können, daß sie die künftigen Zeiten mit ihren künstlichen Larven betrogen hätten. Alsdenn aber, wofern es nicht eher geschiehet, rächen die Enkel ihre Vor=ältern; sie reißen mit rächerischen Händen die

Ehren=

Ehrenzeichen von den Grüften solcher Feinde des menschlichen Geschlechts, und nennen sie und ihre Thaten der Nachwelt bey dem rechten Namen. Verdruß, Furcht, Unruhe, Scham und Zorn, sind also die Folgen und Begleiter einer Ehre, die wir nicht verdienen: und da sie unser Gemüth in Unruhe setzen, wie können sie unsre Glückseligkeit befördern?

Wir wollen hingegen einen gerechten Aristides betrachten, den sein undankbares Vaterland ins Elend verweiset. Wie ruhig verläßt er nicht die Thore einer Stadt, die ihm die verdiente Ehre nicht erweiset. Er hatte stets für ihr Bestes gesorget. Er hatte ihren Flor seinem eigenen Wohl vorgezogen. Aus ihrem Sohne war er ihr Vater und Versorger geworden. Er hatte sie bereichert und war arm geblieben; er hatte sie zu Ehren erhoben und ward verachtet; er liebte sein Vaterland und jederman haßte ihn. Er beschützte die Nothleidenden, und man verfolgte ihn. Da er seine

Vater=

Vaterſtadt zu einer der glückſeligſten und ange＝
nehmſten Wohnungen gemacht hatte, ſo ver＝
weiſet man ihn ins Elend. Er geht auch: aber
wie? iſt er traurig? iſt er verzagt? iſt er troſt=
los? vergießt er Thränen, daß ihm das Volk
keine Ehrenſeulen ſetzet? ringet er die Hände,
daß ſich die Seinigen, ſo wie er gethan, bloß
durch die Tugend allein werden forthelffen
müſſen? beklagt er ſich, daß ſein Name möchte
vergeſſen werden, und nicht auf den Lippen der
Schmeichler ſchweben? O nein! Ariſtides
geht ganz unbekümmert von dannen; ich ſage
mehr: er geht vielleicht ruhiger und unbeküm=
merter davon, als er zuvor in Athen gelebt
hatte. So ſtandhaft blieb er in dieſem Unglücke,
welches er mit weiſen Augen betrachtete.
Gerechter Ariſtides! wie iſt das zugegangen?
Ach! dein gutes Gewiſſen gieng mit dir. Die=
ſes verſicherte dich, daß du alle die Ehrenbezei=
gungen verdienet hätteſt, die dir das undank=
bare Griechenland verſagte; daß alle deine

Läſte=

Läſterer dich nicht ſtrafbar machen konnten, da du dir eines beſſern bewußt wareſt; und daß du in dem Elende, wohin dich ein ruhiges Gemüth, ein unſträfliches Herz, und das Andenken deiner edlen Thaten begleiteten, nicht elend ſeyn konnteſt.

Man erblicket allerdings das menſchliche Geſchlecht auf einer ſehr häßlichen Seite, wenn man es nach ſeiner Neigung betrachtet, wie oft es pfleget Wohlthaten mit Undank zu belohnen, und die durch wahre Verdienſte errichteten Ehrenmäler mit neidiſchen oder boshaften Händen einzureißen. Indeſſen können alle Menſchen, die nur ihrer innern Tugend gewiß verſichert ſind, ungezweifelt glauben, daß es nicht in der Läſterer Macht ſtehe, die Würde eines weiſen und rechtſchaffenen Mannes zu beſchmitzen.

= = = = Der todtenbleiche Neid
Kömmt nur bis an das Grab, thut keinem weiter Leid.

So viel von Lügen auch durch falsche Lästerzungen
Der Sachen Billigkeit kann werden aufgedrungen,
Hat mißlichen Bestand, bleibt in die Länge nicht.
Die bloße Wahrheit bringt doch endlich an das Licht;
Reißt durch der Bosheit Dampf, gleichwie der Sonnenwagen
Durch aller Wolken Dunst pflegt unverletzt zu jagen,
Und treibt den Nebel fort, wie sehr man sie versteckt,
So bleibt sie von der Zeit doch nicht unaufgedeckt.
Die nach uns kommen wird, die nichts weiß von Schmarotzen,
Die nicht bestochen wird, die weder Gunst noch Trotzen
Betreugt, und wiederum betrogen werden kann.

Da wird der ganzen Welt ohn allem
Scheu verkündet
Was sonst vertuschet wird: die Fackel an-
gezündet,
Die klärlich offenbart, was beydes schlimm
und gut
Gehandelt worden ist, die keinem Un-
recht thut.

Opitz.

Freylich haßt ein Narr den Weisen, und ein Schwelger einen mäßigen Mann. Der Rechtschaffene und Tugendhafte geht deswegen seinen Gang immer fort, und strahlet wie die Sonne am Firmamente; die sich in ihrem Laufe durch nichts irre machen läßt, die Sonne, die mit ihren Wohlthaten nicht aufhöret, auch so= gar gegen diejenigen fortzufahren, die sich hiernieden den Kopf zerbrechen, ob sie nicht die Hölle, und der Wohnplatz der bösen Geister sey. Ein Lästerer aber wird ewig gehaßt, und geschiehet es auch, daß er um große Leute ge=
duldet

dultet wird, so geschiehet es mehr um seine Satyren zu hören, als aus Achtung für seine Person. Man liebet den Witz der Spöttereyen, und hasset und fürchtet den Spötter.

Oft finden sich Gelegenheiten, daß man alles Gute, was die Leute von einem sagen können, gerne aufopferte, daß sie nur nichts Uebels sagen möchten. Da nun aber die Welt sich nicht ändern wird, da sie gewohnt ist den Verdiensten die Gerechtigkeit zu versagen, und Ehre und Ruhm nach Vorurtheilen, und sehr partheyisch auszutheilen; so ist der beste Rath, daß ein jeder sich der erstern um ihrer selbst willen befleißige, und in Absicht auf die letztere, lieber wünsche mit dem gerechten Aristides verachtet, als mit dem Cäsar vergöttert zu werden; daß jeder lieber eine Ehre zu verdienen trachte, ob er solche gleich nicht erhält, als nach einem Ruhme streben, den er nicht verdienet. Wenn dieses zu hart vorkömmt, der kehre nur die Fra=

Frage um, und prüfe sich, ob er lieber eine Schmach ertragen wolle, die er nicht verdienet: oder ob er aller bösen Handlung schuldig und aller Schande werth seyn wolle, und derselben auf eine Zeitlang entgehen? Ich halte die allermeisten von meinen Lesern für viel zu tugendhaft, als daß sie hier einen Augenblick bey ihrer Wahl zweifelhaft, oder unschlüßig seyn werden.

Phyllis.

Neun und achtzigster Brief.

1748.

Hochgeehrtester Herr,

Eu. H. haben vor gut befunden, in den Erfurtischen Abendstunden einen Brief an mich einzurücken, in welchem Sie mich zur Beurtheilung Ihrer orthographischen Regeln auffordern. Ich kann nicht begreifen, was Sie zu diesem Entschlusse bewogen hat. Unter so mancherley Gestalten ich auch der Welt durch, oder ohne mein Verschulden, bekannt seyn mag: so ist es so viel ich weiß, doch niemals unter einer grammatikalischen geschehen. Es ist, deucht mich, genug, wenn ein Frauenzimmer, das, was sie schreibt, richtig zu buchstabiren weis: und ich habe oft mit Betrübniß gesehen, daß der Himmel diese Gabe, so wenig allen Dero Mitbrüdern, als allen meinen Mitschwestern ertheilet

hat

Neun und achtzigster Brief.

hat. Allein von einem Frauenzimmer Rechenschaft ihrer Rechtschreibung zu fordern; ja sie so gar zur Richterin einer neuen **Orthographie** zu machen, das ist, nach meiner Meynung zu viel gefordert.

Ich halte es für etwas sehr schweres eine Orthographie zu schreiben; zumal jetzo, da ein jeder sich, so zu reden, eine eigene Leib= und Hausorthographie machet; und ohne, daß er eben anderer Gründe geprüfet hat, die Sache dennoch besser wissen will, als die Vorgänger; und dieses bloß um das Vergnügen zu haben, etwas neues auf die Bahne zu bringen. E. H. sehen wohl, daß ich nicht dieser Meynung bin. Eine Wissenschaft oder Kunst, sie scheine so geringe zu seyn, als sie wolle, auf feste Regeln zu setzen, das ist keine Kleinigkeit. Es ist vielmehr ein sehr wichtiges Werk im Absehen auf alle diejenigen, denen durch eine solche Vorarbeitung unsäglich viel Mühe und Ungewißheit ersparet wird. Die **Rechtschreibung** aber, ist eine Wissenschaft, ohne die man heut zu Tage auch fast nicht einmal ein elender Scribent seyn kann.

Alles was man jetzt für Kleinigkeiten hält, ist vor Zeiten einmal groß gewesen. Wer ist Bürge dafür, daß sie nicht wieder einmal wichtig werden können? Zu König Alfreds Zeiten, war in ganz England kein Mensch, der diesen jungen Prinzen konnte buchstabiren lehren, und man muste einen eigenen Grimbald, mit großen Kosten übers Meer kommen lassen, dem man neben dem Vortrage des ABC nichts minders aufzutragen wußte, als die Regierung des Landes. Damals hatte die Barbarey die erwünschte Wirkung für die Herren Orbilios. Wenn ein Grammatikus durch ein Land zog, war es nicht anders, als wenn ein Likurg, Solon oder Numa ankäme, das ganze menschliche Geschlecht durch neue Gesetze glücklich zu machen.

Dem

Neun und achtzigster Brief.

Dem sey wie es wolle: gewissen Leuten gelingt es durch Kleinigkeiten groß zu werden. Wer weis, ob nicht auch mir dieser glückliche Weg noch offen steht; da es sonst auf keine Art recht fort will. Nur das richterliche Amt verbitte ich auf das äußerste. Mein Geschlecht und meine Fähigkeit, schließen mich davon ganz aus, und wir leben in einer Zeit, wo man keinem Ausspruche gehäßiger ist, als dem entscheidenden Machtspruche: so soll es seyn!

Eu. H. haben daher alles, was ich bey Gelegenheit Ihrer Rechtschreibung sagen werde, vor nichts anders anzusehen, als vor das, was etwa dem Vorwitze oder der Erfahrung dabey einfallen könnte. Ich werde aber nichts sagen, was ich dem allgemeinen Frieden, den ich mit der ganzen Welt zu halten wünsche, so sehr vorziehen sollte, daß ich mich in den geringsten Krieg darüber einlassen würde. In dem kleinen Pfunde, das mir der Himmel verliehen, ist nicht ein Quentgen von derjenigen

Halsstarrigkeit befindlich, die zur orthographischen Märtyrerkrone erfordert wird. Ich lebe in Obersachsen, und gehe alle Abende mit ruhigem Gewissen zu Bette, ungeachtet ich den ganzen Tag das ſ vor den Mitlauten wie ein ſch ausgesprochen, und ſchtehlen, ſchterben, ſchprechen, ſchtampfen u. ſ. w. gesaget habe. Lebte ich in Niederſachſen, ſo würde ich freylich das Vergnügen der innern Ueberzeugung genießen, wenn ich das ſ ſcharf aussprechen dürfte. Allein daß ich dieſes Vergnügen, auch allemal der Furcht ein Sonderling zu ſeyn, nachſetze, das würde ich damit beweiſen, daß ich, an eben dem Orte, ohne alles Bedenken mit andern auch ſagen würde, der Swerdtfegerjunge hat dem Sneider ein Fenſter eingeſmiſſen und ihn einen Slingel geheißen; ungeachtet dieſe Ausſprache gewiß falſch iſt.

Was will ich nun mit allem dieſen ſagen? Nichts weiter, als daß ich in meinem Leben mich

Neun und achtzigster Brief.

mich allemal befleißigen werde so zu buchstabiren, wie ich es bey den besten Schriftstellern finde, und bey denen ich den meisten Grund ihrer Rechtschreibung zu finden glaube. Ich werde also weder den Cajus noch den Sempronius zu meinen Götzen machen; sondern in einem Worte wie jener, in einem andern wie dieser schreiben, auch wohl die Meynung beyder verlaßen, wenn ich in der Rechtschreibung eines dritten mehr Grund finde.

Allein, eine Rechtschreibung für die Deutschen überhaupt zu entwerfen, würde mir nicht in den Sinn kommen; gesetzt, daß ich die allein richtige Orthographie ganz unstreitig ausgefunden hätte, und gesetzt, daß ich dieses auch so deutlich beweisen könnte, als daß 2 mal 2. 4 ist. Ich werde alle Schriften, die anders buchstabiret sind, als ich es für recht halte, mit aller Unpartheylichkeit lesen, eines gewissen Gelehrten, D. Baumgartens Werke aber, lebenslang ungelesen laßen; indem seine Rechtschreibung mit seiner sonst großen Gelehrsamkeit, ein offenbarer Widerspruch ist. Jedoch werde ich deswegen diejenige Hochachtung im geringsten nicht mindern, die ich seinen Verdiensten schuldig bin.

E. H. wagen es, eine Rechtschreibung für die Deutschen zu schreiben. Sie werden erfahren, ob man selbige so gelassen annehmen wird: und damit Sie je eher je lieber einen Beweis davon erhalten mögen, so will ich mit Ihrer Erlaubniß die erste seyn, die in den allerwenigsten Stücken mit Ihnen zufrieden ist.

Bey dem ersten §. des ersten Artickels, finde ich den Satz, daß alle Niedersachsen das Hochdeutsche gleich aussprechen. Wann dieses auch wäre, so ist es darum nicht ausgemacht, daß sie es auch besser aussprechen. Vielleicht würde ein Niedersachs, der funfzehn, zwanzig und mehr Jahre in Obersachsen gelebt hat, das Hochdeutsche besser, als ein gebohrner Obersachs sprechen; daß aber diejenigen Niedersachsen,

Neun und achtzigster Brief.

sachsen, die wenig oder gar nicht aus ihrem Lande gekommen, das Hochdeutsche besser, als die eingebohrnen Obersachsen, selbst aussprechen sollten, das ist ein Satz, dazu ein besonderer Glaube gehöret. Niedersachsen hat sowohl, als Oberdeutschland, in jeder Landschaft eine besondere Aussprache, wenigstens in vielen Wörtern; und es wird uns hier eben so leicht, in einer Gesellschaft bloß nach der Aussprache zu urtheilen: Der ist ein Hannoveraner, der ein Hollsteiner, dieser ein Braunschweiger, jener ein Mecklenburger, dieser ein Westphäler, jener ein Pommer u. s. w. als es ihnen allerseits anzuhören, daß sie Niedersachsen sind.

Das Ende dieses §. scheint mir dem Anfange desselben ins Gesicht zu widersprechen. Es heißt oben: Man soll so schreiben, wie man ausspricht; hier aber sagen Sie: Man soll keinen Buchstaben weglassen, der in der Aussprache auch gleich nicht gehöret wird.

Muß ich alsdenn nicht auch das schreiben, was ich nicht ausspreche?

Dieser Widerspruch zeiget sogleich einen Sohn, der dem Vater gleiches mit gleichem vergilt, und ihn auch Lügen strafet. Es heißt im 2ten §. Alle überflüßige Buchstaben, die im Reden nicht gehöret werden, müssen im Schreiben wegbleiben. Hierbey habe ich nur ein paar kleine Fragen zu thun: Wo bleibt die Analogie? wo die Etymologie? Wollen wir so undankbar seyn, und sie für nichts rechnen? sie, denen wir gleichwohl den Verstand der Wörter, ja oftmals wichtige Entdeckungen zu danken haben? E. H. sagen: **Was man mit einem Buchstaben verrichten kann, dazu soll man nicht zween nehmen.** Wie aber, wenn die Etymologie widerspricht? Wo wollen Sie Schutz wider dieselbe finden? Wenn ich z. E. hier in Leipzig täglich höre sagen, ich globe, (für ich glaube), wenn man die Kleeder, die Steene, die Beene (für Kleider, Steine,
Beine

Neun und achtzigster Brief.

Deine spricht: Sollte ich auch so schreiben? Sie wollen ferner Lam, und nicht Lamm geschrieben haben. Ich wäre es gern zufrieden, wenn nur der Pluralis auch Lämer, und nicht Lämmer hätte. Da es aber in augmento vocis (wie wir Grammatici reden,) Lammes und Lämmer hat; so muß es auch nothwendig im Nominativo singulari ein doppelt m haben. Nicht nur zur Verlängerung des Vocalis; denn die deutschen Selbstlauter sind schon an sich selbst lang, wenn kein doppelter Consonans folget, sondern nach der obigen Regel, daß ich schreiben soll, was ich in der Aussprache höre. Nun höre ich in dem Worte Lamm was anders als Lam, z. E. ein lahmes Lamm. Es kömmt auch das verdoppelte m nicht zum Zeichen des Genitivi, denn dieses ist die bloße Sylbe es; sondern weil es keinen stummen Buchstaben gewinnen kann, der nicht schon im Nominativo gewesen: z. E. von Mann, Mannes, von Weib, Weibes, von Mensch,

des

Neun und achtzigster Brief.

des Menschen, von Herr des Herrn, und so mit allen sonder Ausnahme. Ganz anders ist es mit dem Worte Ambt vom alten Ambtacht, welches einen Diener, oder eine Bedienung bedeutete. Hat man nun schon die Sylbe acht weglassen können, so mag das b sich auch abführen. Daß es aber deswegen wegbleiben sollte, weil der zehnte die Etymologie des Worts nicht weiß; das klingt unbarmherzig. Eben aus der Orthographie müssen die neun übrigen die rechte Sippschaft der Wörter lernen: Daß z. E. der Aermel von Arm, Aeltern von alt, der Väter vom Vater, die Wälschen von Wallen, Wahlen, Wallonien, Wallonischen, Wälschen herkommen, das zeigt das ä an, womit man sie schreibt. In diesem Stücke zünden die alten Handschriften oft ein Licht an, daß man den Ursprung der Wörter einsieht, davon man oft gar keine Ableitung erforschen können. So findet man in alten MStis. des XIV. Jahrhunderts, das

Wort

Neun und achtzigster Brief.

Wort Becher mit dem å geschrieben Es kommt vom Bache, daraus man ehedem mit einem Bächer geschöpft, und wie Opitz sagt, Bach getrunken. Was in eben diesem Absatze, von den Wörtern am und an gesaget wird, das muß ganz allein von Niedersachsen gelten: Alle Thüringer, Schlesier und Meißner sagen ahn, wie gethan, die Bahne, der Wahn. Die Schlesier sagen gar ich bihn; weil bin nur ein einfaches n hat. Kann aber muß eben darum ein doppeltes n haben, weil das a einen kurzen und scharfen Ton hat; zu geschweigen, daß können ausdrücklich eine Verdoppelung erfordert. Jedoch was suche ich eine Sache von neuem zu beweisen, die in den kritischen Beyträgen 2. B. a. d. 669. S. bereits gegen allen Widerspruch gerettet ist, auch seitdem von allen Sprachkennern beobachtet worden.

Bey der vierten Nummer dieses §. erschrecke ich über einen unerhörten Fremdling,

der

der so ausländisch aussieht, daß ich fast zweifle, ob er mit zu unserer Welt gehöret. Sie merken vielleicht, daß es der Komet ist; jedoch ich werde weiter unten, von ihm und seinen Landsleuten, ein Wort mit E. H. sprechen.

Von der 5ten Nummer gilt eben das, was von der zweyten galt. Muß man sollen, und nicht sohlen sprechen; so muß man auch soll, und nicht sol schreiben, so wie oben Lamm, und nicht Lam. Die Verlängerung verdoppelt die Consonantes nicht, und wo einerley Ursache ist, da muß auch einerley Schrift seyn. Die Tonne klingt ganz anders als die Tone.

Bey der 6ten Nummer kann allerdings aller Barden und Druiden Beyspiel, das ff in Worte auf, nicht nothwendig machen. Au ist ein langer Doppellaut, und macht die Sylbe schon an sich selbst lang genug: welches meines Erachtens, die wahre Ursache ist, so hier hätte angegeben werden können,

Bey

Neun und achtzigster Brief. 335

Bey der 3ten Regel bitte ich mir eine Erklärung aus, von welchem Lande E. H. reden. Alle Provinzen verschlucken einen oder den andern Buchstaben. Die Herren Niedersachsen habe ich oft ganze Sylben verschlucken hören; und sie sind Ihnen ganz wohl bekommen. Aber dagegen verlängern sie auch bisweilen die Wörter mit ganzen Sylben. Z. E. ein Westphal saget für *Menschen, Menseehen* u. s. w.

Die Anmerkung, daß man *Fra*, und nicht *Fraw* schreiben soll, zeigt die schönen Früchte von der Folge der Aussprache. Mir kommt dieß Wort eben so vor, wie die schlesische *Nahme* für *Wahme*. Diese schreiben unfehlbar auch wie sie sprechen; aber ist es recht? Jener Bayer sagt: Ich schraib wie ich sprich, Euge, belle, bene! Es fragt sich nur, ob man recht spricht? und aus welcher Landschaft man ist? Jedoch, es ist hoffentlich ein Spaß, und für mich ein Beweis, daß die wertheften Herren Niedersachsen, nicht nur Buchstaben, son-

dern

dern gar Vocales verschlucken; denn Fra und Fraenzimmer sagt kein Obersachs auch kein Oberdeutscher.

Bey der 2ten Nummer dieses §. ist es gewiß, daß die Abkürzung Ew. von den Alten auf uns gekommen ist; nicht aber, daß diese Alten das w für ein u geschrieben. Sie brauchten es für ein u und v zugleich. So findet man in alten Handschriften, ewer, Trewe. Sie sprachen es auch so aus, und von ihnen kommt es her, daß die Engländer das w dubbel u nennen, und es auch so aussprechen. Die Anrede, Ihre Excellenz, Ihre Magnificenz, für Eure Excellenz, Eure Magnif. ist falsch; und wenn es auch alle Ober- und Niedersachsen so schrieben. Sie schreiben es aber nicht so; und ich berufe mich auf die besten Schriftsteller, in beyden Theilen unsers Deutschlandes. Die Kanzelleyen der großen Herren haben immer Ew. Liebden, Eure Gnaden, Eure Durchl. Eure Majestät, wie

ich

Neun und achtzigster Brief.

ich selbst dergleichen Schreiben von Nieder- und Obersächsischen Höfen gesehen. Und wenn ja einige Schreiber aus Unwissenheit, oder aus übel angebrachter Höflichkeit, Ihre dafür setzen; so beweißt es doch nichts mehr, als wenn einige Niedersachsen sagen: Ich komme zu dich, oder einige Obersachsen, ich bitte Ihnen, oder ich komme zu Sie. Die dritte Person kann nicht eher die andere werden, als bis man 1. 3. 2. zählen wird. Zu geschweigen, daß das Wort Ihre bey einer Mannsperson einen Mißverstand machet; indem Ihre Majestät unstreitig der Königin Majestät bedeuten muß.

In dem 2ten §. ist die Anmerkung allerdings richtig, daß man gegenwärtig von Gegenwart, bändigen von Band, und so weiter schreiben soll: Allein wer hier die Etymologie verehret, der hätte es auch oben bey der 2ten Nummer thun sollen. Bey der Anmerkung aber, kommt schließen nicht von Schloß her,

Y und

und genießen nicht von Genuß; sonst müßte es schlüßen, genößen, heißen: sondern weil es ein Verbum irregulare ist, das im Supino en hat. Diese Verba verändern die Vocales, wie alle Beyspiele zeigen. Z. E. ich spreche, ich sprach, sprich, gesprochen, der Spruch. Ich nehme, ich nahm, nimm, genommen. So auch, ich schließe, ich schloß, schleuß, geschlossen; der Schloß. Betrug ist auch nicht der Ursprung von von betrügen, sondern der Imperativus treug.

Bey dem 3ten §. ist noch ein Zweifel unbeantwortet gelassen, ob man nämlich Fürstlich oder fürstlich? Hannöverisch oder hannöverisch schreiben soll? Das letzte scheint mir den Vorzug zu verdienen, weil man ebenfalls göttlich, englisch und himmlisch als bloße Beywörter klein schreibet.

Bey dem 6ten §. versichere ich E. H. daß unser y ganz gewiß ein deutscher, und sehr nothwendiger Buchstabe, oder vielmehr Diphthongus sey; ungeachtet ich es weder ein geschwänz=

Neun und achtzigster Brief.

schwänztes i, noch ein Endigungs i nennen kann. Es ist ein i und j auf einmal. So haben es die Alten gebrauchet, so finden wir es in den ältesten Manuscripten, und so brauchen es noch die Engländer und Holländer, wenn sie es wie ei ausſprechen. Denn eben so, wie oben das w aus u und v zusammengeſetzt war, so iſt auch dieſer Buchſtabe aus i und j zuſammengeſetzt. Dieß iſt leicht mit einem Exempel aus dem älteſten deutſchen Dialekt, den wir noch kennen, ich meyne aus dem gothiſchen, zu beweiſen. Wir ſchreiben das Wort freyen (einen Freyer) mit einem y, und das iſt ganz recht. Die Ableitung des Wortes kömmt aus dem gothiſchen frijan, lieben, davon auch Frijond, (ein Freund oder Liebhaber) herkommt. Im 6ten Cap. des Evang. Lucä, im 27. v. heißt es: Frijod thans hatandans irvis, diligite inimicos vestros, freyet (d. i. liebet) die euch haſſen. Davon iſt die Göttin der Liebe Freya, ingleichen der ihr geweyhte Freytag,

tag, dies Veneris hergenommen; und wir müssen also alle diese Worte mit einem Y schreiben. Das Ypsilon der Griechen hat hier nichts zu thun: und man hat unser deutsches Y nur darum dazu genommen, weil wir sonst keine andre Figur dazu hatten, man müste denn das ü dazu brauchen. An sich selbst ist es ein deutscher Buchstab, ja ein Doppellaut, der halb ein Vocal, halb ein Consonant ist, z. E. Ya klingt nicht anders, als Ei ja: und so in andern; ob es wohl hernach bisweilen gelinder ausgesprochen worden.

Zum Beweise, daß die Alten das y wirklich an denen Orten gebrauchet, wo es die Stelle von ei vertreten sollte, will ich E. H. ein kurzes Exempel aus einer Handschrift, von der Hochfürstl. Gothaischen Bibliothek anführen; welche ich in gewisser andern Absicht, mir seit einiger Zeit bekannt machen müssen. Es ist der Friegedang oder Freydank, und die Stelle heißt so:

Wo

Neun und achtzigster Brief.

Wo ein Dorf ist one eyt
Do weiß ich daß es öbt sy̆t
Niemand mag zu langer Zeit
Große Ere haben one sy̆t 2c.

Ich kann nicht läugnen, daß ich das R für einen wahren Zierrath unserer Schriften halte. Ein Wort, das sich mit einem i schließt, das kömmt mir wie ein verächtlich kleines Städtchen vor, so Tag und Nacht offen steht. Es wäre mir also leid, wenn E. H. an diesem guten Buchstaben, zu einem andern Herostratus werden sollten. Doch das wird hoffentlich sobald nicht geschehen. Die besten berlinischen, hamburgischen und andere niedersächsische Schriftsteller haben es noch nicht verbannt; und das Ansehen, darinnen ihr guter Geschmack steht, ist mir Bürge wider meine Furcht.

Nunmehro komme ich an die Herren Ausländer. Mein Gott, welch ein Volk! Konsonant,

Neun und achtzigster Brief.

sonant, **Kajus, Korzius,** und wenn ich noch einige herbey rufen darf, **Änejas, Paterkulus, Lukullus, Szipio, Zizero, Disziplin, Diskretion, konfisziren, korrigiren,** u. s. w. Diese und alle ihre unzähligen Mitgesellen, die man bey uns anführen will, scheinen mir verdächtige Leute zu seyn, die sich mit irgend einer heimlichen Absicht in unsere Schreibstuben einschleichen wollen. Ich habe sie ein wenig genau betrachtet, und mich dünket, sie sind Willens, das ungeübte Frauenzimmer zu überraschen. Als ich diese Wörter zum erstenmal ansah, so dachte ich bey mir selbst: Siehe, hier ist mehr denn Jesen! Ich wundere mich, wie E. H. die im Anfange Ihrer Orthographie einen so löblichen Eifer wider alle diejenigen blicken lassen, die die **Reformation** zu hoch treiben, und das deutsche Israel verwirren, an den ehrlichen Bruder Johann, in dem Mährchen von der Tonne nicht gedacht haben; der mit Vernichtung aller

Zier-

Neun und achtzigster Brief.

Zierrathen so weit gieng, daß er sich Löcher ins Kleid riß. Ich halte es mit dem Bruder **Martin**, der blieb fein in der Mittelstraße. Diese Schleuse, die E. H. hier öffnen, wird unsere Muttersprache mit einer Sündfluth seltsam gestalteter Wörter überschwemmen, zu deren geduldigem Anblicke unsere Gesichtsnerven sich fast in andere Falten werden biegen müssen. Die römische Monarchie hat fast zwanzig Jahrhunderte gestanden, ihre Sprache ist, auch nach ihrem Verfalle, von den Gelehrten über die tausend Jahre geredet und geschrieben worden; und sie hat sich immer noch ohne das griechische ξ behelfen können. Warum wollen Sie denn jetzt dieselbe mit einem Schatz bereichern, den niemand von ihren Händen fodert? Warum wollen sie ihr ein Geschenk darbringen, dafür sie sich nicht einmal bedanken kann? Wie wäre es aber, wenn man auf diesem Wege fortgienge, und nicht nur das c, als einen lateinischen Gast in unserer Sprache, sondern auch das x und ph als einen griechischen Vertrieb; und folglich nicht Kontext, sondern Konteext, Konveks, Kserkses, Ksakthas, Ksantippe, Ksenofon, Konneksion, Krusifiks, u. s. w. schriebe? Was sagen Sie selbst zu diesem Zigeunergesindel?

Was E. H. bey der 8ten Regel setzen, das gehöret für den Sprachlehrer, und kann von dem Orthographo nicht ausgemacht werden; als welcher nicht bestimmet, wie die Wörter heißen und abgeändert werden; sondern nur bloß, wie man die einmal festgesetzten schreiben soll.

Es ist Zeit, daß ich aufhöre, oder der Buchbinder muß meinen Brief eher zu lesen bekommen, als E. H. Finden Sie meine Anmerkungen unnütze und zu weitläuftig, so sind Sie mit mir völlig einerley Meynung. Finden Sie dieselben zu vorwitzig, so belieben Sie ihr strenges Herrschaftsrecht an ihnen auszuüben, und vernichten sie solche, ehe sie das Licht der Welt erblicken.

Neun und achtzigster Brief.

erblicken. Finden Sie dieselben aber erträglich, und sind Sie begierig mehrere zu lesen: so kann ich Ihnen vielleicht künftig auch über die Folgen Ihrer Orthographie meine Gedanken mittheilen.

E. H. aber fällen von diesen Blättern welches Urtheil Sie wollen, so soll mich keines abhalten allezeit zu seyn ꝛc.

Gottsched.

Dieser Brief ist von der Verfasserin im Jahr 1748. geschrieben worden, ehe noch die Gottschedsche Sprachkunst das Licht der Welt erblickte, und war die Antwort auf ein Schreiben, darinnen Sie zur Richterin der Orthographie aufgefordert wurde.

Neunzigster Brief.
An den Herrn S.

Leipzig den 28. Octobr. 1748.

Hochzuehrender Herr,

Ich habe wohl gedacht, daß das poetische Feuer endlich in helle Liebesflammen ausschlagen würde, und ich habe mich nicht geirret. Ich wünsche Ihnen von ganzem Herzen Glück, und traue Ihrem guten Geschmack so eine gute Wahl zu, daß wir Ursache haben werden, uns über Ihr Glück zu freuen. Die Vorsicht lasse Ihre Verbindung noch in späten Jahren das Beyspiel glücklicher Ehen seyn, und gewähre Ihnen alle die angenehmen Folgen, die Sie von selbiger wünschen und hoffen.

Den Punct unsers kleinen Freundes übergehe ich jetzt mit Stillschweigen, um Ihr Vergnügen nicht zu unterbrechen. Ich werde
nicht

Neunzigster Brief.

nicht eher mir Ihren Beystand erbitten, als bis meine Ermahnungen nicht mehr fruchten wollen. Aber alsdenn hoffe ich auch an Ihnen einen unpartheyischen Freund und bewährten Beystand zu finden.

Ich will die angenehme Person, in deren Gegenwart Sie dieses lesen werden, nicht länger hindern, Ihnen viel schönes zu sagen, und schlüsse also mit der Versicherung meiner wahren Hochachtung, und daß ich Ihnen ganz ergeben bin.

Gottsched.

Ein und neunzigster Brief.

An eben Denselben.

1748.

Hochgeehrtester Herr,

Wie beschämen Sie mich, daß Sie mich an ein Versprechen erinnern, welches ich mir zur Schande ganz vergessen hatte. Sie finden hier also nicht allein Popens Lockenraub, sondern auch noch zwey andere ganz neue Werke, von welchen Sie die Uebersetzerin kennen, die aber der ganzen Welt unbekannt bleiben will. Ein ganzer Orden würde sich wider mich auflehnen *), und ich wüßte nichts als meine Neugier vorzuschützen, die mich verleitet hat, eine Arbeit vorzunehmen, die mir

auf=

---

*) Dieses muß vermuthlich die bekannte Schrift, Les francs maçons écrasés gewesen seyn, welche die Frau Gottsched übersetzt.

Ein und neunzigster Brief.

aufgetragen worden. Marivaux hat den Abscheu, den ich vor allen, was ein Roman heißt, so lange ich denken kann, gehabt, so weit besieget, daß ich mich überwunden, seinen Païsan parvenu zu übersetzen, und den Deutschen einen glücklich gewordenen Bauer geliefert habe. Der Verleger hat mir ein heiliges Stillschweigen versprochen, ich zweifle aber, daß es unbekannt bleiben wird. Mein Freund findet vor gut, mich keine Stunde unbeschäftiget zu lassen. Der Auftrag, auf alle seine Pergamentbände die gehörigen Titel zu schreiben, ist keine geringe Aufgabe; und ich habe deren schon eine gute Anzahl verfertiget. Jetzt habe ich den Vorsatz, eine Uebersetzung zu unternehmen, die nach meiner ganzen Neigung ist. Le Spectacle de la Nature ist das Buch, was ich den Deutschen bekannter, und allgemein zu machen wünsche. Es ist Schade, daß ein solches Werk nicht in alle Sprachen übersetzet wird. Gelehrte und Ungelehrte finden Unterricht

richt und Ergötzung darinne, und wie nützlich wäre es nicht dem Frauenzimmer, von den Werken der Natur besser unterrichtet zu werden. Ich hoffe in Berlin einen guten Verleger zu finden. Wenn nur meine Gesundheit nicht so baufällig wäre, so würde der Geist mit mehrerer Heiterkeit seinen Beruf obliegen. Vielleicht wird künftiges Jahr eine Reise ins Carlsbad unternommen. Die Aerzte sagen, daß dieser Heilbrunnen auch meine Hypochondrie heilen würde, ich wünschte es, und werde alles darzu beytragen, was zur Cur erfordert wird. Die Bewegung auf der Reise, die Zerstreuung, welche jeder neue Gegenstand verursachet, die Entfernung von vielen unangenehmen Dingen, und endlich die gute Gesellschaft, welche gemeiniglich bey Gesundbrunnen und Bädern sich versammlet, pfleget nach meiner Meynung die Genesung zu befördern. Vielleicht thut alles dieses auch bey mir die gewünschte Wirkung; ich weiß, wie viel Sie

Theil

Ein und neunzigster Brief.

Theil an meinem Befinden nehmen, und ich werde Ihnen sowohl den Entschluß melden, wenn wir unsere Reise anzutreten Willens sind, als auch den Nutzen, den meine Gesundheit davon erfahren wird. Ich wünsche Ihnen alles Glück zu Ihrem Vorhaben, und bin mit aller Hochachtung Ihnen ergeben.

Gottsched.

Ende des ersten Theils.

www.ingramcontent.com/pod-product-compliance
Lightning Source LLC
Chambersburg PA
CBHW020315240426
43673CB00039B/815